EU, S.A.

GENE SIMMONS
EU, S.A.

Construa um exército de um homem só, liberte seu deus interior (do rock) e vença na vida e nos negócios

Tradução de Balão Editorial

FÁBRICA231

Título original
ME, INC.
Build an Army of One, Unleash your Inner Rock God, Win in Life and Business

Copyright © 2014 by Gene Simmons.

Todos os direitos reservados incluindo o de reprodução no todo ou em parte sob qualquer forma.

FÁBRICA 231
O selo de entretenimento da Editora Rocco Ltda.

Direitos para a língua portuguesa reservados
com exclusividade para o Brasil à
EDITORA ROCCO LTDA.
Av. Presidente Wilson, 231 – 8º andar
20030-021 – Centro – Rio de Janeiro – RJ
Tel.: (21) 3525-2000 – Fax: (21) 3525-2001
rocco@rocco.com.br
www.rocco.com.br

Printed in Brazil/Impresso no Brasil

preparação de originais
TIAGO LYRA

CIP-Brasil. Catalogação na fonte.
Sindicato Nacional dos Editores de Livros, RJ.

S611e
    Simmons, Gene
        Eu, S.A. / Gene Simmons. – 1ª ed. – Rio de Janeiro: Fábrica231, 2015.

        Tradução de: Me, inc.
        ISBN 978-85-68432-20-4

        1. Varvatos, John. 2. Homens - Estados Unidos - Biografia. I. Título.

15-20916   CDD-923.3
                                                       CDU-929:330

O texto deste livro obedece às normas do
Acordo Ortográfico da Língua Portuguesa.

Para minha mãe, que me ensinou o valor de um centavo.

*Para minha família – Shannon, Soph & Nick –,
que me ensinou sobre o que é a vida.*

*E para a América, por ter concedido
a esse garotinho imigrante todas as oportunidades
que concede a seus filhos e filhas nativos.*

Sumário

PARTE 1 – EU

1
Um jovem empreendedor 19

2
Chegando aos Estados Unidos 27

3
Descobrindo a TV e a cultura americana 35

4
Descobrindo a Junior Achievement e aprendendo sobre o modelo capitalista de negócios 43

5
Meus primeiros empregos e a influência que tiveram em minha vida como empreendedor 47

6
Quem sou eu? 58

7
KISS 65

8
Aprendendo sobre *branding* e o negócio da música 74

9
Eu sou um empreendedor 80

10
Gene Simmons: Joias de Família 93

11
Filantropia/Retribuição 101

PARTE 2 – VOCÊ

12
Quem é você 113

13
Você – o modelo de negócios Eu, S.A. 123

14
Exemplos de vida 135

15
Férias, feriados e outras perdas de tempo 145

16
Prioridades / Pratique o que você prega 151

17
Solteiro ou casado? Carreira ou família? 164

18
Ideias estúpidas brilhantes / Projetando o modelo de negócios certo para você 175

19
A importância de ser capaz de se vender e de contar sua história 183

20
Fale direito 193

21
Mulheres empreendedoras 203

22
Crianças empreendedoras 224

23
Fracasso: o que não mata fortalece 230

24
Investindo 243

25
Em resumo 250

Agradecimentos 255

Prefácio

Por John Varvatos

Eu cresci em um subúrbio de Detroit. Cinco crianças e meus pais em uma casa térrea de 90 metros quadrados, três quartos e um pequeno banheiro. Nesse ambiente humilde, aprendi sobre a importância da família. Também aprendi sobre a importância da independência e o trabalho duro necessário para adquiri-la.

Entregar jornais, limpar piscinas, cortar grama, bombear gasolina – o que fosse necessário para conseguir algum dinheiro para forjar minha própria identidade naquele espaço apertado. Desde quando consigo me lembrar, foi a música que me forneceu o espaço emocional de que eu precisava e roupas que me deram uma fronteira para a minha personalidade. O que eu ganhava ia para as lojas de discos e de roupas do bairro.

Quando tinha 15 anos, consegui um emprego em uma loja de roupas masculinas, vendendo e me aproveitando do desconto para funcionários. Enquanto outros vendiam uma única camisa, eu montava figurinos completos e guarda-roupas inteiros para os meus clientes e ganhava comissões enormes. Aos 18, fui para a faculdade e cursei o ciclo básico de medicina. Peguei empréstimos estudantis e me mantive na faculdade vendendo roupas masculinas. O currículo de medicina se transformou em um diploma para ser professor de ciências. Eu ganhava significativamente mais vendendo roupas do que como professor, e então decidi ficar com a moda.

Aos 25 anos, abri com sócios uma loja de roupas masculinas, e, nos três anos seguintes, tornei-me obcecado em aprender tudo que podia sobre o funcionamento de um negócio, sobre ser comprador e revendedor e sobre como criar uma marca. Enquanto fazia isso, fui notado pelo presidente da Ralph Lauren, que me ofereceu uma vaga como líder de sua divisão de vendas para a região do Meio-Oeste. Um ano e meio depois, pediram para que eu me mudasse para Nova York e comandasse as vendas de toda a divisão masculina. E foi nesse ambiente criativo que, aos 29 anos, uma lâmpada se acendeu na minha cabeça e eu descobri minha verdadeira vocação. Eu queria desenhar as roupas que tinha vendido por todos esses anos.

Aproveitei as oportunidades, aceitei os riscos e os cortes salariais para seguir esta vocação. Cinco anos depois, eu era o principal estilista das roupas masculinas da Calvin Klein. Alguns anos mais tarde, voltei à Ralph Lauren para comandar o design de roupas masculinas de lá – um dos maiores empregos no mundo da moda masculina.

Em 1999, com quarenta e poucos anos, deixei essa marca incrível para abrir a minha própria companhia, John Varvatos. Com um time fantástico, criamos uma das maiores empresas de design de roupas do mundo. A estrada era, e continua a ser, cheia de solavancos e buracos, mas as recompensas valem a pena. Tenho conseguido perseguir e executar muitas das minhas paixões: trabalho com os maiores artistas de rock do planeta, tenho meu próprio programa de rádio, desenhei um carro para a Chrysler e publiquei meu primeiro livro sobre rock-and-roll e moda. Ninguém nunca disse que ia ser fácil. O trabalho duro, paixão, visão e melhoria constante da qualidade, tudo isso faz parte do sucesso. Manter-me fiel à minha visão e à minha marca é a regra de ouro.

Apesar do caminho de Gene Simmons ser bem diferente do meu, dividimos muitas similaridades, e vejo nele uma alma gêmea. Nós dois construímos marcas que têm identidades únicas e um DNA bem claro. Nós dois nunca nos esquecemos de onde viemos. E, tão importante quanto isso, a nossa paixão e comprometimento são mais fortes hoje do que nunca. Esses valores estão no coração de *Eu, S.A.*, e a sabedoria aprendida a duras penas aqui registrada é um mapa para o sucesso com o qual todos podem se beneficiar.

John Varvatos tornou-se um nome conhecido em sua área. Suas roupas estão em toda parte. Meu filho, Nick Simmons, esbarrou com ele em um evento e me trouxe a notícia de que Varvatos adoraria a oportunidade de trabalhar com o KISS. Logo depois, o KISS foi até Nova York para uma sessão de fotos e para tocar em um show especial apenas para convidados. Eu nem imaginava, antes de conhecer John, que ele tinha um gosto excelente – não só para roupas, como para fantasias também. A foto acima é de John Varvatos em 1º de janeiro de 2000.

Introdução

A primeira coisa que você pode querer perguntar é: "Quem esse cara pensa que é? E por que uma estrela do rock está escrevendo um livro de negócios?" Boas perguntas. Continue lendo.

Antes de começar, deixe-me salientar que este livro foi planejado com duas seções separadas.

A seção "EU". Como em EU, Sociedade Anônima.

E a seção "VOCÊ". Como em VOCÊ, Sociedade Anônima.

Tem um pouco de "EU" em "VOCÊ", claro, e tem um pouco de "VOCÊ" em "EU". Assim como na vida. Não somos tão diferentes.

No final de cada capítulo da seção "VOCÊ", o leitor também poderá notar o que eu gosto de me referir como "A Arte de Fazer Mais", que reúne as experiências e conselhos que compartilho no livro e os resume em 13 princípios para o sucesso. Por que 13? Primeiro porque eu não acredito em sorte mais do que acredito em trabalho duro – mas também porque sou um fã do clássico de Sun Tzu, *A arte da guerra*, que também é dividido em 13 capítulos. Assim, você pode considerar estes princípios e este livro uma arte da guerra para ganhar as batalhas da vida cotidiana.

Você pode pular a minha seção (EU) e começar direto pela sua (VOCÊ). Ou então pode ler o livro de cabo a rabo. As duas maneiras são ótimas. Um alerta, porém: por favor, não use minhas experiências como um modelo ou um atalho para evitar o trabalho duro e a autoeducação que você precisa para se tornar um empreendedor de sucesso. Minhas experiências e minha jornada foram só minhas. Eu tive que aprender. E tive que desvendar o labirinto que estava na minha frente, a fim de poder chegar ao topo.

E você terá que fazer o mesmo para chegar ao topo.
Faça anotações.
Faça perguntas.
Tenha discussões em grupo.
Leia esse livro com amigos e com a família.
Fale a respeito.
Viva.
"Just Do It."
Enquanto escrevo isso, o KISS acabou de ser incluído no Rock and Roll Hall of Fame, através de uma grande votação dos fãs. Isso é mais importante do que ter ganhado nossa própria estrela na Calçada da Fama de Hollywood e chaves de várias cidades; do que sermos autorizados a tocar os sinos das bolsas de valores de Nova York e Toronto – bem, tudo isso é muito mais do que pensei ser possível quando minha mãe e eu colocamos nossos pés nesta terra sagrada.

Embora eu tenha nascido em Israel, posso dizer que os Estados Unidos se tornaram a Terra Prometida. Não só para mim, mas para as pessoas de todas as classes sociais, cores e nacionalidades. Serei eternamente grato a esse país por me permitir viver livre, ter grandes sonhos e alcançar algo que nunca imaginei que conseguiria. E quero agradecer por permitirem que os sonhos deste pequeno menino imigrante se tornassem realidade.

Agora, vá e torne os SEUS sonhos realidade.

PARTE 1
EU

1.

Um jovem empreendedor

"O segredo de seguir em frente é começar a trabalhar."
AGATHA CHRISTIE, autora inglesa

Se você já leu minha autobiografia, muito disso lhe soará familiar. Entretanto, mesmo depois de colocarmos nossas vidas no papel, a vida segue. Passei por mudanças – com minha família, minha esposa (uau, que palavra!) e até na maneira pela qual escolhi enxergar meu passado longínquo. Toda a história que você está prestes a ler apresenta a minha identidade como empresário e empreendedor. Então, mesmo que você já tenha ouvido isso antes, vamos voltar no tempo e relembrar.

Vamos começar com o EU.

Como eu cheguei aqui?

Nasci em Haifa, Israel, em 25 de agosto de 1949, em um hospital com vista para o Mar Mediterrâneo. Meus pais, húngaros, sobreviveram à Segunda Guerra Mundial e conseguiram escapar para Israel, praticamente seis meses depois de se tornar um Estado independente.

Minha mãe, Florence, era uma sobrevivente dos campos de concentração nazistas. Ela foi presa nos campos aos 14 anos e testemunhou a sua mãe e avó caminharem juntas para a câmara de gás. Seu irmão também foi morto. Minha mãe conheceu meu pai, Feri Witz, em Jand, na Hungria, assim que saiu dos campos de concentração. Em 1949, eles chegaram ao novo Estado de Israel.

Quando eu tinha aproximadamente 7 anos, meu pai abandonou nossa família. O que seguiu foi a descoberta de que, sem ele, as únicas pessoas de quem minha mãe e eu poderíamos depender éramos nós mesmos. Uma vez que nos foi puxado o tapete, coube a minha mãe – e depois, eventualmente, a mim – ganhar a vida. Uma lição de vida bem dura de aprender, mas que aprendi logo cedo.

A vida em Israel de 1949 até 1958 era dura. Nós vivíamos em um apartamento de um quarto com buracos de bala nas paredes, resultado dos vários conflitos árabe-israelenses ao longo dos anos. Nós não tínhamos uma televisão em casa. Na verdade, nunca tinha ouvido falar em TV e não poderia nem imaginar do que se tratava.

Não tínhamos um banheiro. Tínhamos um quartinho do lado de fora que era literalmente um buraco no chão. Sem papel higiênico. Nós usávamos trapos que eram lavados e reutilizados. Não tínhamos uma banheira ou um chuveiro. Minha mãe enchia uma banheira de metal com água, colocava-a no sol para aquecer e era ali que eu tomava banho. Eu nunca tinha ouvido falar de escova ou pasta de dentes. Ou lenços de papel. Quando finalmente descobri que os americanos usavam lenços, fiquei chocado ao saber que você poderia assoar seu nariz em um pedaço fino de papel e depois jogá-lo fora. Nós usávamos um lenço de pano e depois o lavávamos. Nada nunca era jogado fora – éramos miseráveis. Nós não tínhamos um carro e, na época, não conseguia nem imaginar alguém que tivesse um. Você andava. Ou pegava um ônibus. Não tínhamos um telefone. Não podíamos pagar um, então não ligávamos para ninguém.

Comida era racionada em Israel nos anos 1950, porque Israel era um país novo (fundado em 1948, um ano antes de eu nascer). A infraestrutura estava em sua infância – água corrente era esporádica e os estoques de comida eram baixos. Certamente não existiam marcas da forma como estamos familiarizados hoje: pão era apenas pão, manteiga era apenas manteiga. Você recebia um certificado e uma vez por semana tinha permissão para comprar leite e um pouco de carne. Sem nomes de marcas, apenas leite e carne. Você também podia comprar arroz e pão, mas nunca via uma marca. Toda a comida no mercadinho ficava em grandes sacos. Você pegava um saco de papel, ou um jornal, e então embrulhava sua comida e levava para casa. Não tínhamos uma geladeira. Tínhamos uma caixa de gelo, que era um móvel que funcionava praticamente como um isopor.

Mesmo com a ausência de qualquer luxo na minha infância, eu estava sempre feliz. Eu ainda sou feliz. Por crescer com pouco, nunca precisei de muito para me alegrar. O que eu mais gostava do mundo quando era criança era pão e geleia. Enquanto tivesse o meu amado pão lambuzado de geleia eu era feliz. Isso ainda hoje é a perdição da minha barriga. Hoje em dia, quando tomo meu café da manhã e chegam a torrada e a geleia, eu espalho a geleia na torrada e Nick, Sophie e Shannon sempre implicam comigo por isso. Mas o pão e a geleia vêm da minha infância e são um lembrete inconsciente de que, na verdade, eu não preciso de muito para ser feliz, basta poder dormir em segurança, tranquilidade e estar com a barriga cheia. Sim, sei que isso soa um tanto piegas, mas talvez seja um bom pensamento para se ter em mente ao iniciar sua jornada para alcançar suas metas como empreendedor.

Você realmente não *precisa* de muito. Mas isso não significa que você não deva ter tudo.

Meus primeiros anos de escola em Israel foram rotineiros. Eu frequentei o jardim de infância e a escola primária. Brinquei na terra com pedras. Nós corríamos eríamos. Era uma época feliz.

Preciso confessar, no entanto, que não gostava tanto de ir para a escola. Um dia eu decidi matar aula e me escondi embaixo da casa de madeira que era a escola e fiquei lá até terminar o dia. Então fui pra casa. É claro que não era esperto o suficiente para tapear minha mãe, e logo ela descobriu que eu tinha mentido. Aprendi outra dura lição de vida: mentir não funciona. Na verdade, descobri que mentir pode ser um pé no saco. Literalmente.

Eu era solitário na maior parte do tempo. E ainda sou. Nós vivíamos na pequena vila de Monte Carmelo (sim, *aquele* Monte Carmelo, aquele que está na Bíblia), que ficava muito próximo à cidade de Haifa. Minha mãe não podia me comprar brinquedos e eu era muito jovem para me importar com isso. Tinha uma vara longa e uma pedra e esses eram meus brinquedos. Também tinha o Monte Carmelo – podia caminhar e sonhar acordado. Não podíamos sustentar animais de estimação também, mas aos 6 anos tinha um escaravelho que guardava em uma caixa de fósforos antiga cheia de açúcar. O escaravelho me fazia tanta companhia quanto um gato ou um cachorro; costumava conversar com ele.

Minha jornada como um jovem empresário, nesse ambiente de mínimos recursos e oportunidades, começou com um negócio menor do que você poderia imaginar. Um dia, não sei ao certo porque ou como, tive a ideia de subir o Monte Carmelo e colher os frutos dos cactos para vender para as pessoas que voltavam para casa nos ônibus que faziam sua última parada em Tiraat HaCarmel, onde vivíamos. Decidi que precisava de um sócio e escolhi meu amigo Schlomo, um garoto marroquino da minha idade que vivia no andar abaixo do nosso.

Essa foi outra boa lição de vida. Frequentemente você não será capaz de fazer tudo sozinho, então você precisa escolher cuidadosamente um sócio. Escolher o parceiro certo é uma decisão muito importante e pode ser a diferença entre o sucesso e o fracasso. A pessoa que você escolhe deve ter a mesma ética de trabalho que você.

Schlomo e eu passamos o dia todo no alto do Monte Carmelo juntando os frutos dos cactos e correndo para o ponto do ônibus. Nós colocamos os frutos em uma cuba com água e gelo que pegamos emprestada no mercadinho do bairro e vendemos para as pessoas que estavam voltando do trabalho.

Tanto Schlomo quanto eu experimentamos uma noção de propósito, uma noção de orgulho e uma sensação de que estávamos fazendo uma coisa importante. Nós não percebemos que aquilo era uma empreitada e nem saberíamos o que essa palavra poderia significar. Mas nós *tínhamos* a noção de que se trabalhássemos duro, nós *poderíamos* ganhar dinheiro. E essa era uma ideia excitante: *ganhar dinheiro*.

E ainda é.

Depois de um dia duro de trabalho, ficamos emocionados ao descobrir que nós faturamos o total de dois dólares (estou simplificando o valor para poupá-lo da matemática necessária para converter shekels israelenses, que eram a moeda da época). Além do nosso suor, isto é, do trabalho que tivemos, praticamente não tínhamos nenhum custo. Assim, todos os dois dólares eram nosso lucro líquido. Dividimos o valor, restando um dólar para mim. Lembre, em 1956 um dólar era uma quantidade razoável de dinheiro. Hoje, o equivalente poderia ser dez dólares, dependendo de como você ajusta a taxa de inflação e as correções monetárias.

Estava escurecendo. Schlomo e eu devolvemos a cuba onde colocamos os frutos dos cactos e com pressa subimos de volta a ladeira até onde morávamos. No caminho, eu parei na sorveteria e comprei uma casquinha de sorvete imensa por dois centavos. Até hoje eu ainda lembro claramente o sabor. Era o sorvete mais delicioso que eu já tinha comido na vida porque ele era meu e eu tinha comprado com meu próprio dinheiro. Nada tem o gosto tão doce como algo que você mereceu. E ainda tinha o bolso cheio com as moedas restantes.

Quando voltei para casa, minha mãe estava chateada por eu ter passado o dia todo fora. Então peguei as moedas do meu bolso e as coloquei na mesa e minha mãe parou de falar sobre o quanto ela ficou preocupada. A expressão de surpresa em seu rosto ficará para sempre gravada na minha mente. Ela juntou as duas mãos sobre a boca, arregalou os olhos e disse, em uma mistura de húngaro e hebraico, "Esse é o meu homenzinho", dando-me um grande abraço.

Naquele momento, apesar dos espinhos dos cactos terem machucado minhas mãos, meus braços e meu rosto, eu soube que trabalhar era bom. Trabalho resulta em dinheiro. Trabalho e dinheiro resultam em comida. Trabalho e dinheiro resultam em felicidade.

E essa é a lição capitalista mais profunda que eu aprendi até hoje, mesmo que fosse muito jovem para entender na época. Tudo o que sabia é que estava orgulhoso. Que minha mãe estava orgulhosa. E eu tinha tomado um sorvete enorme que trabalhei para merecê-lo.

Com o suor do teu rosto comerás o teu pão, ou expressões com esse sentido. Elas estão em um livro que meu povo escreveu. É o livro mais vendido de todos os tempos. Talvez você tenha ouvido falar nele: se chama Bíblia.

Com *Eu, S.A.* eu escrevi minha própria bíblia. Uma que eu espero que você ache útil. Um dia, você escreverá a sua.

2.
Chegando aos Estados Unidos

> "Não há país melhor na Terra para empreender do que os Estados Unidos. Em todos os ramos, desde o mundo da alta tecnologia do Vale do Silício, onde vivo, até os laboratórios de pesquisa e desenvolvimento das universidades e os inúmeros donos de pequenos comércios, os americanos se arriscam, abraçam novas ideias e – o mais importante – criam empregos."
>
> ERIC RIES, empreendedor do Vale do Silício e autor creditado como pioneiro do movimento das *start-ups*

Em 1958, quanto tinha oito anos e meio, eu me encontrava em um avião com a minha mãe em direção a Nova York. Meu tio Joe tinha nos enviado passagens para virmos para os Estados Unidos. Minha mãe me disse para não me preocupar, faríamos apenas duas paradas e então chegaríamos.

Esse foi o meu primeiro voo de avião, foi em uma aeronave de quatro motores da El Al Israel Airlines. Foi uma viagem turbulenta e eu ficava vomitando. Mas fiquei surpreso e maravilhado em descobrir que era possível apenas sentar ali que as pessoas traziam comida para você. Nunca tinha passado por isso.

Eu ainda amo isso em aviões.

Depois de pousarmos no aeroporto LaGuardia, fiquei maravilhado com a imensidão de tudo. Tudo que via nos Estados Unidos parecia maior do que eu poderia imaginar. Os prédios. Os carros. As quantidades de comida. O tamanho das pessoas. Tudo era grande.

Depois da nossa chegada, mudamos para o porão da casa da minha amada tia Magda e do tio Larry, em Flushing, Queens. Tio Larry era irmão da minha mãe. Eu fiquei impressionado de eles terem uma geladeira cheia de comida. Imagine isso. Não era um restaurante e mesmo assim eles tinham uma geladeira com comida dentro? Eu nunca tinha visto algo assim antes. Não entrava na minha cabeça que eles tinham uma casa própria, e tinham um carro, e uma bicicleta, e uma geladeira cheia de comida.

Também descobri o Cocoa Marsh, um xarope de chocolate, pelo qual eu me apaixonei imediatamente. Eu fiquei ainda mais impressionado com o pote de geleia. Quando tia Magda viu o quanto eu estava fixado no pote de geleia, ela me deu uma colher e me disse em húngaro (ela não falava hebraico e eu não falava uma palavra em inglês na época), "Vai, experimente".

Eu entendi que ela queria dizer que eu poderia ficar com tudo. Então comi o pote todo de geleia às colheradas.

Minhas primas Eva e Linda, minha tia Magda, meu tio Larry e minha mãe estavam todos rindo. Eu não sabia o porquê. Tudo que eu sabia é que na minha infância toda nunca experimentara algo tão maravilhoso.

E então apareceu o pão de forma. Oh meu Deus, como amei aquele pão. Para mim, ele era como bolo. Muitas vezes comia o pão sem nada nele. E depois que descobri ketchup, nada me fazia parar. Eu comia sanduíches de ketchup, que consistiam em um monte de ketchup espalhado entre duas fatias de pão de forma. Eu colocava ketchup em tudo: no atum, no omelete – tudo. Ainda faço isso.

Tia Magda e tio Larry permitiram que minha mãe e eu morássemos em seu porão por dois anos e serei eternamente grato por isso. Nesse período, experimentei várias coisas pela primeira vez: andar de bicicleta, escovar meus dentes, tomar banho dentro de casa em uma banheira. E pela primeira vez eu sentei em uma privada. Foi aí também que fui apresentado ao papel higiênico; não precisaria mais usar trapos para me limpar. A primeira vez que usei o papel higiênico, eu o joguei fora no lixo. Eu não sabia que você deveria jogá-lo na privada e dar descarga.

Todo dia era uma experiência incrível. As ruas eram cheias de carros e pessoas. As casas eram perfeitamente alinhadas umas às outras. Todos pareciam felizes e bem alimentados. Era comum ver crianças da minha idade andando por aí com sorvetes como se fosse uma coisa comum. Aquele tesouro, uma casquinha com sorvete, que antes eu tinha trabalhado tanto para alcançar, era algo batido para aquelas crianças. Era rotina. Esse é o luxo dos Estados Unidos. É tudo relativo.

A primeira vez em que fui até o final da rua onde a tia Magda e o tio Larry moravam, fiquei com medo de atravessá-la. As ruas eram cheias de carros indo para todos os lados. Eu nunca tinha visto um semáforo, então não entendia como alguém chegava ao outro lado. Mas, quando vi as pessoas começando a atravessar a rua, corri atrás delas. E ali, do outro lado, visitei meu primeiro supermercado.

Dizer que fiquei espantado seria uma injustiça. Era simplesmente além de qualquer coisa que eu poderia ter imaginado na vida. Para mim, parecia uma cidade de comida, com os cruzamentos entre os corredores parecendo ruas abarrotadas em um nível que era completamente novo para mim. Nunca imaginei que pudesse escolher entre 15 marcas diferentes de café. Na verdade, nunca imaginei que pudesse escolher qualquer coisa.

Quando minha mãe e eu visitamos seu outro irmão, tio George, e sua esposa, Florence, eu vi uma televisão pela primeira vez. Era um móvel imenso, talvez com um metro de largura, com portas de gabinete em cada lado e uma tela curva grande no meio. Deveria ser a hora do jornal da noite, porque me lembro de ver um close em preto e branco do rosto de um homem dentro da caixa. Eu avistei um homem dentro de uma caixa falando conosco. Tudo que eu conseguia fazer era olhar a tela, admirado com a maravilha da televisão.

Enquanto visitávamos o tio George e a tia Florence, eu saí para dar uma volta e desci a rua. Na esquina, fui atraído para uma estrutura de metal vermelha brilhante. Não era só isso, parecia haver uma alavanca. Eu a alcancei e a puxei.

Um inferno se abriu. Um sino começou a tocar como louco. Eu fiquei paralisado. Em poucos segundos ouvi sirenes vindo na minha direção. Eu nunca tinha visto um alarme de incêndio de rua antes e nunca tinha ouvido sirene, muito menos tinha visto um caminhão de bombeiros. Eu corri para a casa do tio George e me deparei com o maior e mais longo veículo que já tinha visto. Era pintado de vermelho-sangue, do mesmo jeito que a estrutura de metal que estava fazendo tanto barulho. Era maior que um ônibus. E tinha dois motoristas, um na frente e outro atrás. As sirenes me deixaram branco de pavor. Eu corri de volta para a casa do tio George e silenciosamente sentei em um canto, apavorado. Pode parecer um exagero, mas eu era realmente um alienígena aqui. Um estranho em uma terra estranha.

Minha mãe sempre foi uma mulher orgulhosa e independente. Mesmo com seus irmãos, tanto George quanto Larry, oferecendo casa e ajuda, ela decidiu que nós deveríamos nos mudar e ter nosso próprio canto. Ela se recusava a aceitar empréstimos e sempre insistia em ganhar seu próprio dinheiro. Ela me ensinou a ser desse jeito. Nunca ser aquele que pede emprestado.

Para me manter longe das ruas, e antes que eu pudesse dominar a língua inglesa ou saber alguma coisa sobre a cultura americana, minha mãe nos mudou para o Brooklyn. Mas ela não podia pagar um apartamento, por isso me matriculou em uma escola religiosa da *Yeshiva Torah Vodaas* na Third Street com a avenida Bedford, no distrito de Williamsburg.

Era um seminário teológico judeu, muito conservador e muito voltado para os estudos bíblicos. Foi acertado pela *yeshiva* que eu fosse morar com a família Scheinlen, dona de uma padaria, enquanto minha mãe ficava com seu irmão Larry. Eles me trataram como se eu fosse um membro da família. Serei eternamente grato a eles por me darem esse ambiente seguro e por darem uma chance de minha mãe progredir no trabalho – ela recusava ajuda financeira, mesmo naquela época.

Yeshiva era difícil. Seis dias por semana, eu me levantava todos os dias às seis e estava na yeshiva às 7:30. Começávamos nosso dia rezando no templo, aqueles de nós que realmente rezavam. Às 8:30 começávamos a estudar história americana, matemática, inglês e o resto do dia passávamos estudando a bíblia. Depois das 18 horas, voltávamos para yeshiva, comíamos nosso jantar e então continuávamos os estudos bíblicos até às 21:30.

Eu tinha oito anos e meio quando vi o Papai Noel pela primeira vez, em um anúncio dos cigarros Kent. Na época, apenas tinha ouvido falar de Papai Noel, de cristãos ou mesmo de Jesus Cristo. Noel tinha barba, estava fumando um cigarro e usava um chapéu felpudo na cabeça, por isso achei que fosse um rabino russo. E assim comecei a ouvir falar da história de Jesus e como ele também era judeu, assim como o rabino, e que nenhuma das pessoas que o adoravam eram judeus. E que ele era Deus *e* o Filho de Deus e que existia também o Espírito Santo.

Eu estava muito confuso. Mas me interessei por teologia e pelas diferentes crenças religiosas, e então comecei a devorar o Novo Testamento e o Alcorão e outros livros religiosos. Aprendi sobre o islã, e que ele honrava tanto os cristãos quanto os judeus. Aprendi tanto sobre isso nessa época que, quando me encontro com fanáticos religiosos de todos os tipos, eles têm muita dificuldade em sustentar seus argumentos, pois posso citar de memória salmos e versos de volta para eles. (Só uma digressão. Orgulho sempre foi meu pecado favorito.)

Os Estados Unidos eram um mundo totalmente diferente do que eu podia imaginar, de diferentes pessoas, com crenças diferentes e vivendo juntas. Eu estava emocionado em descobrir que os Estados Unidos recebiam bem todos os tipos de pessoas e davam aos imigrantes os mesmos direitos dos nativos americanos. Isso era impressionante para mim e é uma das razões por que eu amo os Estados Unidos do fundo do meu coração até os dias de hoje.

Eu podia ler tudo o que eu quisesse. Podia falar o que eu pensava. E minha mãe e eu estávamos seguros, sem nazistas tentando nos matar, sem países cercando nossas fronteiras e querendo que desaparecêssemos – a liberdade de expressão não estava, diferentemente de onde eu tinha vindo, sob constante ameaça de represálias violentas de uma guerra com a qual você literalmente podia pegar uma carona de carro.

Absorvendo meu novo ambiente, comecei a me sentir *forte*. Comecei a sentir uma *razão de existir*. Um pouco disso veio de assistir à televisão. Vi que o Super-Homem poderia vir de outro planeta e ainda se tornar grandioso. Eu me senti assim – como o Super-Homem. Minha *autoestima* cresceu. Eu senti como se fosse *alguém*. Porque os Estados Unidos me deram o direito de *ser* alguém. O que os Estados Unidos tinham era uma mentalidade de que "nada é impossível". Você podia ver no rosto das pessoas quando elas iam para o trabalho, você podia sentir quando assistia à TV e via pessoas voando pelo ar e desviando de tiros. Você podia cheirar isso no ar. Estava a sua volta. E os heróis que eram vistos como campeões tinham origens variadas. Eles não precisavam vir dos Estados Unidos – como o Super-Homem, que chegou de Krypton, e depois os Beatles, que vieram da Inglaterra. Da minha perspectiva juvenil, heroísmo parecia ser a meritocracia em um caldeirão.

Os Estados Unidos me ensinaram que ninguém é melhor do que ninguém. E que, não importa a diferença da sua cor, seu sotaque ou sua crença religiosa, ninguém tem o direito de fazer você se sentir menos do que você é.

Ninguém.

Esse sentimento é uma das coisas que me permitiram seguir em frente e nunca desistir. O inquieto espírito americano de individualidade e orgulho me permitiu abraçar a ideia do empreendedorismo: não é só que você pode fazer qualquer coisa – você deve fazer tudo. Esse foi também o sentimento que me permitiu, junto com o meu sócio Paul Stanley, formar a banda que nós queríamos, mas que nunca tínhamos visto nos palcos. Mas falaremos mais sobre a banda depois.

3.
Descobrindo a TV e a cultura americana

> "Dormir cedo e acordar cedo tornam um
> homem saudável, rico e sábio."
>
> BENJAMIN FRANKLIN, pai fundador dos EUA, inventor do para-raios, dos óculos bifocais e da lareira de ferro, pioneiro na descoberta da eletricidade, coautor da Declaração da Independência, primeiro embaixador dos EUA na França e signatário da Declaração da Independência e da Constituição dos Estados Unidos

Depois de um ano, minha mãe e eu finalmente conseguimos nos mudar para um apartamento a algumas quadras da Yeshivá, no número 99 ao sul da Ninth Street, em Williamsburg, Brooklyn. O aluguel era 35 dólares por mês.

Nós tínhamos poucos luxos em casa, mas possuíamos uma pequena televisão. Assim que compramos a TV, pareceu que o mundo se abriu repentinamente para mim. Eu assistia ao jornal da noite. Assistia ao Super-Homem. Assistia aos desenhos. Assistia aos filmes. Aprendi mais pela televisão do que qualquer outra mídia com que já me deparei. Mais do que com os livros. Mais do que com os professores e a escola.

A televisão abriu a minha mente para a fantasia. Para a ficção científica. Para a realidade, por meio da cobertura jornalística. A televisão era imediata. E *As aventuras do*

Super-Homem, em particular, foram uma revelação – oh meu Deus, aquele homem voando pelos céus, ele não era dos Estados Unidos – ele era um imigrante, exatamente como eu! O que a televisão fez e continua fazendo por mim é mostrar que não existem limitações para a imaginação. Não existe ideia que seja absurda demais para se perseguir – nos negócios e na vida.

Eu passava meu dia inteiro na yeshivá, então não tinha muito tempo para a TV nos dias de semana. Mas aos fins de semana – sim, até no Sabá, que respeitávamos todo sábado – ficava grudado na TV, muitas vezes o dia todo e até tão tarde da noite quanto me permitissem. Ficava acordado e via a tela ficar em branco quando os quatro ou cinco canais que tínhamos naquela época saíam do ar.

A televisão também me ensinou como falar com o sotaque da "Costa Leste". O sotaque da Costa Leste é o inglês falado pelos jornalistas de todo o país, não importa se eles são do extremo sul (onde um jornalista nunca diria "y'all") ou do norte (onde um jornalista nunca diria "yo").

Chegar aos Estados Unidos sem falar uma palavra em inglês me fascinou. Então passei a imitar a maneira como os apresentadores de telejornais falavam. Também notei que eles sempre se vestiam melhor que as pessoas nas ruas e pareciam ter um ar de autoridade. Então eu aprendi a falar como eles, sem sotaque, e, até hoje, eu ouço pessoas me dizerem que falo como um apresentador de telejornais.

Em 1959, um ano depois da nossa chegada aos Estados Unidos, me lembro de ir a um apartamento de um amigo no Brooklyn e ver uma pilha alta de histórias em quadrinhos amontoada em um canto. Nunca tinha ouvido falar em revistas em quadrinhos até aquele dia. Naquela época ainda estava matriculado na yeshivá e tentava pegar o jeito do inglês e pronunciava o pouquíssimo inglês que eu sabia com muito sotaque israelense. Meu amigo e eu sentamos em frente dessa pilha enorme e ele me deu minha primeira revista em quadrinhos.

Ainda lembro claramente. Era uma edição de *World's Finest Comics*, e reunia o Super-Homem (o homem que eu tinha visto voando pelos céus na TV) e o Batman. Fiquei admirado com o fato de que eles não eram pessoas comuns. Eles eram pessoas extraordinárias vivendo vidas extraordinárias. E sempre existiam o bem e o mal.

Fui fisgado. Devorava revistas em quadrinhos. Ainda devoro. O resto do mundo também o faz, aparentemente. Quadrinhos, antes um movimento relativamente pequeno e obscuro, hoje são reconhecidos como uma influência cultural e uma força comercial. A Comic-Con, realizada anualmente em San Diego, cresceu de uma reunião frequentada por 145 pessoas para um evento de quatro dias que atrai centenas de milhares de pessoas, em pé de igualdade com o Festival de Cinema de Cannes, e inspirou inúmeros eventos similares ao redor do mundo.

Na verdade, o poder cultural do mundo dos quadrinhos, da fantasia e da ficção científica pode ser visto na sua atual influência na cultura pop, inspirando franquias multimilionárias como *Star Wars*, *Super-Homem*, *Vingadores*, *Avatar* e *O Senhor dos Anéis*. Todas essas franquias arrasa-quarteirões de Hollywood surgiram do mesmo mundo da fantasia, da ficção científica e dos quadrinhos que um tempo atrás pareciam ser "coisa de criança".

Aquela primeira edição de *World's Finest* inaugurou meu caso de amor com os quadrinhos. E, assim como qualquer outra área pela qual me apaixonei, me tornei voraz até os mínimos detalhes. Posso citar para você salmos e versos do antigo testamento das histórias em quadrinhos. Posso citar de cor, sei a história do Hulk: o Hulk cinza original, escrito por Stan Lee, desenhado por Jack Kirby e arte-finalizado por Dick Ayers, que evoluiu para a versão verde e depois para a versão vermelha, e posso dizer em quais edições de *O Incrível Hulk* Steve Ditko assumiu a arte. Sim, o artista de *Homem-Aranha* realmente desenhou o Hulk por algum tempo! E posso falar sobre o Homem de Ferro, que também foi desenhado por Jack Kirby e Dick Ayers e posso dizer em qual edição Don Heck posteriormente assumiu como desenhista. Esses são meus mitos modernos, meus Sansões, meus Davis e meus Golias. Eles se tornaram meus parâmetros de bem e mal, meus arquétipos de virtude.

Para dizer a verdade, originalmente comecei a fazer com a mão meu gesto característico de *"rock on"* – geralmente referido como "chifres do diabo", que agora você pode ver em todos os eventos esportivos e shows de rock pelo mundo – em 1973, como uma homenagem ao Doutor Estranho de Steve Ditko, que usava esse gesto de mão para evocar suas magias ("que o terrível Dormamu evoque sua fúria sobre vós"). Quando a outra criação de Ditko, o Homem-Aranha, lança suas teias dos seus pulsos, o mesmo gesto é usado, mas invertido.

O melhor de tudo, eu nunca poderia ter imaginado em meus sonhos mais insanos que aqueles Estados Unidos me permitiriam realmente *me transformar* em um herói de revistas em quadrinhos. Os quadrinhos do *KISS* foram publicados pela Marvel Comics no final dos anos 1970 e se tornaram o seu maior sucesso de vendas – a um dólar e cinquenta centavos a cópia, quando outros quadrinhos eram vendidos por 25 centavos. Os quadrinhos do KISS eram no formato magazine, e não de quadrinhos, então podiam ser expostos nas prateleiras ao lado da *Time* e outras publicações do gênero. Tenho orgulho em dizer que pude lutar contra o Doutor Destino e me encontrar com o Quarteto Fantástico junto com meus colegas de banda na primeira edição.

Também nunca poderia imaginar que um dia eu teria meu próprio selo editorial, *Simmons Comics*, e a liberdade de criar *meus próprios* personagens de quadrinhos e séries.

Mas eu estou me antecipando.

Eu tinha 9 anos em 1959 e frequentava a yeshivá seis dias por semana. Quando não estava na yeshivá estudando, estava na biblioteca, que ficava a três quadras dali. Fiquei deliciado ao descobrir que tudo na biblioteca era *gratuito*. Eu não entendia a importância histórica disso naquela época, mas entendo hoje.

Pela primeira vez na minha vida, estava em um lugar onde o mais pobre dos pobres e o mais rico dos ricos tinham o mesmo acesso a toda a informação de graça, em um espaço igualitário. Sem censura. Sem livros sendo queimados por nazistas. Sem serem queimados em pilhas por aqueles de crenças religiosas diferentes. Completa liberdade e acesso a toda informação, arte e cultura do mundo todo.

Ali então prometi a mim mesmo que eu me educaria e que nunca *pararia* de me educar. Era *minha* responsabilidade continuar aprendendo. Passava horas na biblioteca nos fins de semana e lia tudo que conseguia encontrar. Livros sobre dinossauros. Livros de história. Eu li quase toda a Enciclopédia Britânica. E tudo de graça.

A razão pela qual estou lhe dizendo tudo isso é que eu quero que você entenda de coração que é *sua* responsabilidade se educar. Não importa se você não tem qualificação – vá lá e aprenda, e você vai lentamente acumular conhecimentos. Ninguém nasce qualificado a algo – tudo é conquistado através de trabalho duro e educação.

Eu tinha meus amados livros. Tinha minhas revistas em quadrinhos. Tinha televisão. Tudo isso foi parte da minha autoeducação. O que mais eu poderia precisar? Posso dizer que vivia como um refugiado, mas minha mãe tinha as melhores das intenções me mandando para yeshivá. Ela me queria fora das ruas e seguro desde manhã até tarde da noite, quando ela voltava de um dia duro de trabalho. Ela estava de pé assim que o sol raiava e voltava pra casa lá pelas sete da noite, fazendo o percurso de Jackson Heights para o Brooklyn todos os dias para costurar botões por menos de um salário mínimo. Nesse meio-tempo ela queria ter certeza de que eu estava seguro – havia gangues de rua na nossa região e ser judeu não era algo popular. Nunca foi algo popular. Pode-se dizer que ainda não é.

Naquela época, Williamsburg era um lugar onde diferentes culturas trabalhavam e viviam juntas: judeus, afro-americanos, porto-riquenhos e outros. Na linguagem de hoje você poderia chamá-lo de gueto. A propósito, a maioria dos americanos não tem ideia de que *gueto* era originalmente um termo veneziano usado para descrever as vizinhanças segregadas onde viviam judeus. Então esse termo tem um significado especial para mim.

Aqui está o contexto: durante a Renascença italiana, quando os judeus prosperavam nas cidades-estados italianas como artesãos, comerciantes e mercadores, a única parte da cidade em que eles realmente tinham permissão de viver era na *getta*, uma área longe do centro da cidade onde eram fabricados os tijolos para os prédios. Existiam fornos enormes para tijolos e homens trabalhando sem parar. Nem preciso dizer que as condições para viver ali eram horríveis; havia fumaça no ar dia e noite. Foi ali que o termo *gueto* nasceu. E na Segunda Guerra, quando os judeus poloneses se rebelaram contra a ocupação nazista, eles foram segregados em uma área chamada Gueto de Varsóvia.

Minha mãe trabalhava seis dias por semana em uma oficina. Sem salário mínimo. Era o único emprego disponível para ela em Nova York com o grau de instrução dela. Ela recolhia um casaco de inverno de um cabide, carregava até a sua máquina de costura Singer, costurava seis a oito botões naquele casaco, pendurava o casaco de volta no cabide e passava para outro setor. Então ela repetia o processo, de novo e de novo.

Ela ganhava meio centavo por botão. Assim, se minha doce mãe pegou um casaco, costurou seis botões nele e o pendurou de novo, ela faria o total de três centavos por casaco. De alguma forma ela conseguia levantar 150 dólares por semana fazendo esse trabalho braçal seis dias por semana e conseguia pagar o aluguel, comprar comida e nos manter vestidos.

Minha mãe foi o melhor modelo de ética de trabalho que eu poderia ter tido. Através dela fui capaz de entender o valor do dinheiro.

Aos 14 anos, prometi a mim mesmo que iria me tornar alguém, nem que fosse só para ter certeza que minha mãe nunca mais precisaria trabalhar novamente. No prazo de oito anos, eu fui capaz de melhorar substancialmente a vida da minha mãe. Alguns anos depois, ela nunca mais teve que trabalhar.

4.
Descobrindo a Junior Achievement e aprendendo sobre o modelo capitalista de negócios

"Primeiro, tenha um ideal definido e claro: uma meta, um objetivo. Segundo, tenha os meios necessários para atingir os seus fins; conhecimento, dinheiro, materiais e método. Terceiro, ajuste todos os meios para aquele fim."

ARISTÓTELES, Filósofo grego e escritor (384-322 a.C.)

Ao contrário dos livros, da televisão e dos quadrinhos, a escola, infelizmente, não me ensinou muito.

Isso porque, falando de forma geral, a maioria dos currículos das escolas públicas não foca em habilidades da vida real. Você nunca vê aulas do tipo Como Conseguir um Emprego, ou Como Controlar um Orçamento, ou O que Você Deve Fazer para Ganhar a Vida?

A oportunidade para o sucesso financeiro está ao nosso redor. Está lá para tirarmos vantagem dela. Está lá para colhermos as recompensas. Está lá, mas geralmente não entendemos o que ela é ou como funciona. Não há um mecanismo em nossa sociedade que nos ensine a reconhecer uma oportunidade e capitalizá-la. Se você tem o instinto para isso, ou encontra um cenário onde alguém está disposto a ensiná-lo, então você está com uma vantagem tremenda.

Meus primeiros empregos incluíram entregar o jornal *Long Island Star* e trabalhar no quarteirão dos açougueiros em Jackson Heights, Queens. Então, aos 12 anos, tive a sorte de me matricular na Junior Achievement e finalmente ter uma compreensão real do que era um modelo capitalista de negócios e como as coisas funcionam. O que é "precificar produtos". No que consistiam as "ações de uma empresa". Como uma pessoa deve fazer um orçamento e tentar tirar um pequeno lucro no final. Como os impostos podem cortar os dólares do seu lucro líquido em até um terço ou metade.

Para aqueles que não estão familiarizados, a Junior Achievement é uma organização sem fins lucrativos fundada em 1919 por Horace A. Moses, Theodore Vail e Winthrop M. Crane, cuja missão é educar jovens sobre a livre-iniciativa, empreendedorismo e finanças pessoais e permitir que adolescentes recebam uma ajuda para entender como o modelo capitalista funciona.

Uma das muitas iniciativas valiosas da Junior Achievement é o seu programa extracurricular em empresas, onde um grupo de adolescentes recebe orientações de conselheiros voluntários das empresas locais. Juntos, os adolescentes e os empresários desenvolvem seu próprio modelo de negócios. Em essência, eles criam uma empresa e aprendem por meio de casos práticos como um modelo de negócios se forma, opera, e, no futuro, se torna lucrativo.

A empresa que meu grupo formou era uma empresa de biscoitos. Simples o suficiente, mas como fazer dinheiro? Quantas horas leva para se fazer um biscoito? Quanto pagamos aos parceiros e funcionários na empresa? Por quanto podemos vender os biscoitos? E para quem vendemos nossos biscoitos?

Ao criarmos nossa própria empresa, decidiríamos qual seria seu estatuto social, ou seja, o conjunto de regras sobre as quais nossa organização trabalharia. Escolheríamos quem seria nosso presidente, secretário e tesoureiro e quem deveria ser nosso CEO (Chefe Executivo) e COO (Chefe Operacional). Se você não sabe o que significam esses termos, pesquise-os e vá se educar. Decidiríamos quantas ações da nossa empresa de biscoitos "venderíamos" para investidores em potencial (em outras palavras, amigos, família, qualquer um) em troca de parte dos nossos lucros. Decidiríamos quanto custaria cada ação da nossa empresa.

Precisávamos vender ações para fundar a empresa e descobrir exatamente quantas ações tínhamos que vender – e a qual preço – para levantar capital suficiente para abrir. Depois, teríamos que estar seguros de que poderíamos vender biscoitos o suficiente para gerar lucro após cobrir o custo de compra do açúcar, o custo de compra da farinha, o custo dos equipamentos de que precisaríamos para assar nossos biscoitos etc. Outra questão com que lidar eram os impostos, que todos teríamos que encarar quando crescêssemos.

Eu fiz anotações. Escrevia as coisas. Percebi como poderia aplicar os vários princípios que aprendi na Junior Achievement na minha própria vida e em meus futuros empreendimentos. Vi como poderia aplicá-los no meu próprio "presumido dever fiduciário comigo mesmo" –

isto é, estabelecer que é minha responsabilidade minimizar minha exposição financeira e ter certeza que gastaria o mínimo possível e apenas para aquelas coisas que realmente sentisse que não poderia viver sem. Eu compreendi que era minha responsabilidade tentar maximizar os meus ganhos financeiros.

Assim eu captei. Eu entendi. Eu vi a luz.

Em outros capítulos desse livro, explicarei minhas decisões, tudo baseado em minimizar minha exposição financeira (gastar pouco dinheiro) e maximizar meus lucros (fazer mais dinheiro). Mas, por enquanto, é suficiente dizer que quanto menos eu gastava, mais eu ganhava.

"Um centavo economizado é um centavo ganho", dizia Benjamin Franklin.

Não exatamente, na verdade. Um centavo economizado são dois centavos ganhos.

Hã?

Bem, qualquer centavo que você economiza e pode guardar é um centavo pelo qual você já pagou impostos. O que quer dizer que, na maior faixa de impostos, você teria que ganhar dois centavos para conseguir ficar com um.

O seu "sócio", o Imposto de Renda, anda, dorme e come bem ao seu lado. Em qualquer centavo ou dólar que você ganha ou economiza o Imposto de Renda garantirá que terá a parte dele.

O que isso realmente significa: gaste o menos possível e gaste apenas com coisas que você não pode viver sem, para que você tenha dinheiro sobrando.

5.

Meus primeiros empregos e a influência que tiveram em minha vida como empreendedor

"Não há substituto para o trabalho duro."

THOMAS EDISON, inventor do fonógrafo, da câmera cinematográfica, da lâmpada incandescente e pioneiro da eletricidade

Assim que me formei no ensino médio da escola Newtown em Elmhurst, Queens, em 1968, mudei para o sul de Fallsburg, no norte do estado de Nova York para frequentar a Faculdade Comunitária Sullivan, que faz parte da Universidade Estadual de Nova York. Nos meses do verão, quando não tinha aulas, também trabalhava meio período em Manhattan.

Nesse ponto eu entendi o modelo: gaste pouco, ganhe muito. Tenha as habilidades para ganhar mais dinheiro. Saiba aonde ir para vender essas habilidades. Eduque-se. Aprenda a lidar com as pessoas. Aprenda a falar bem.

No ensino médio, notei que todas as garotas aprendiam datilografia e estenografia (anotações estenográficas, simplificando, é a coisa que as secretárias e funcionárias dos tribunais faziam). Então me matriculei nos dois cursos, porque queria melhorar minhas habilidades e porque as aulas eram cheias de garotas. Na época em que me graduei no colegial, eu datilografava mais rápido que qualquer um que eu conhecia.

No verão de 1968, fui para o centro de Manhattan e consegui um emprego na Kelly Girl S.A., que depois mudaria o nome para Kelly Services S.A. Era uma agência de empregos temporários que terceirizava equipes para escritórios e empresas que podiam contratar e demitir rapidamente. Eu podia datilografar mais rápido que qualquer outro funcionário da Kelly Girl. Podia fazer anotações estenográficas. Podia transcrever gravações de ditafones. Pegava as gravações, ouvia frase por frase nos fones de ouvido e datilografava o que era preciso. Eles pagavam entre cinquenta e 75 dólares por semana para meio expediente.

Também trabalhava no turno da noite, das oito às seis da manhã, em Wall Street, no escritório de advocacia Williamson & Williamson. Arquivava, fazia serviços de escritório e datilografava todos os tipos de relatórios. Eu ia dormir às oito da manhã, se conseguisse, e depois acordava às 14 horas.

Na faculdade, eu não tinha um carro. Costumava pedir carona até o norte do estado ou de volta para Nova York, ou pegava carona com meus colegas de faculdade que tinham carros. Não me imaginava gastando dinheiro com um carro. Ou vivendo fora do campus. Tudo isso custava dinheiro. E nunca quis desperdiçar ou gastar qualquer dinheiro se não precisasse.

No período das aulas na Faculdade Sullivan, trabalhava para os irmãos Zakarin no armazém deles, a duas quadras da faculdade. No início, eu trabalhei como "carregador", levando caixas para cá e para lá e depois como encarregado do setor. Ganhava de cem a 150 dólares por semana lá.

Como eu podia datilografar rápido, fui capaz de criar um serviço de datilografia enquanto estava na faculdade, cobrando dos meus colegas cinquenta centavos por página datilografada. Eu tinha que alavancar os negócios. Ninguém queria se sentar em frente a sua máquina de escrever, especialmente porque a maioria deles nunca aprendeu a datilografar.

Eu datilografava rápido em espaço duplo, então cada página me tomava dois ou três minutos. No decorrer de uma hora, conseguia ganhar algo em torno de dez dólares. Isso era sete ou oito vezes o valor do salário mínimo por hora na época. Um trabalho de final de curso com cinquenta páginas podia me tomar uma hora ou uma hora e meia e me renderia 25 dólares. Em um fim de semana de muito esforço, poderia levantar mais de cem dólares e ainda tinha tempo para namorar e ir a shows e restaurantes.

Nos fins de semana quando não estava fazendo meus serviços de datilografia – e enquanto os outros garotos da minha idade estariam normalmente relaxando, matando tempo e, em outras palavras, vadiando – trabalhava como salva-vidas no Hotel Pines no sul de Fallsburg. Aquele emprego pagava mais ou menos setenta a cem dólares, porque eu também cantava os números do bingo para uma sala cheia de mulheres e recebia gorjetas por aquilo.

Não tinha as despesas de possuir um carro. Não tinha que pagar aluguel. Não tinha namorada, apesar de sair com várias garotas. Não comprava praticamente nada. Ainda não compro muito para mim do que não preciso.

Não socializava muito. Se queria companhia, eu simplesmente perguntava para uma garota se ela queria vir e me ajudar a datilografar uns trabalhos. Pronto, um encontro! Eu tinha companhia feminina e ficava no meu quarto e continuava ganhando dinheiro. Matava dois coelhos com uma cajadada só, como diz o ditado.

Eu tinha quase 19 anos quando me juntei à banda de rock da faculdade chamada – *gulp* – Bullfrog Bheer. A banda tocava em chopadas, que eram exatamente o que eu imaginava que seriam. Pessoas ouviam música, se divertiam e bebiam cerveja. A banda tocava uma combinação de sucessos do momento com algumas canções que eu tinha começado a escrever. Apesar de já ter começado a tocar baixo, acabei me tornando o guitarrista da banda porque eles já tinham um baixista.

Recebíamos em torno de 150 a trezentos dólares para tocar em chopadas e tocávamos duas noites na maioria das semanas. Então, depois de dividir o dinheiro com outros três caras da banda, sobrava entre 75 a 150 dólares para mim.

Entre o dinheiro da datilografia, o dinheiro da banda aos fins de semana e o dinheiro dos irmãos Zakarin, em uma boa semana eu conseguia fazer quinhentos dólares, o que era um dinheiro decente na época. Não em todas as semanas, perceba, mas em semanas o suficiente para que eu pudesse pagar algumas das parcelas do meu empréstimo estudantil que eu pegara para evitar sobrecarregar minha mãe dessa responsabilidade (e, uma vez que eu pagava antecipado, pagava menos do que precisaria). Deus sabe que ela já tinha feito mais do que era esperado que qualquer mãe fizesse pelo filho.

Nos meses do verão de 1969, quando tinha tempo livre da faculdade, trabalhei na Associação de Anunciantes por Mala Direta. A proposta da AAMD era perguntar para os clientes quais eram as propagandas por correspondência que eles não queriam receber – propagandas como amostras, anúncios, panfletos e outras coisas que você recebe pelo correio sem nunca ter solicitado – e fazê-los responder. E isso funcionava. Você deixaria a AAMD saber quais propagandas você não queria e magicamente você parava de recebê-las.

Assim a AAMD estava do *seu* lado, certo? Bem, sim e não. O que a AAMD realmente fazia era montar uma relação de pessoas que não queriam anúncios ou amostras de certos tipos de produtos enviados a eles por correspondência. A AAMD então venderia essa relação para outras empresas, que a usaria para refinar sua lista de contatos, evitando assim que recebessem correspondência indesejável. Na prática, a AAMD ajudaria as empresas a definir mais precisamente o mercado de seus produtos para as pessoas que teriam maior inclinação a se interessar por eles. Todos ganham. As pessoas paravam de receber as coisas que nunca tinham pedido e que não lhes interessavam e as empresas aprendiam mais sobre as pessoas que *poderiam* se interessar em comprar seus produtos.

Também trabalhei como revisor na R.R. Bowker, que publicava a *Publishers Weekly* e o *Library Journal*, e como assistente na revista *Glamour*. Eles gostavam de mim na *Glamour*. Eu conhecia cultura pop. Eu era um ás na datilografia. Eu podia transcrever ditados. Eu podia consertar mimeógrafos e copiadoras Risograph, graças a todo o trabalho que minha querida mãe teve para me comprar máquinas copiadoras como essas para que eu pudesse publicar meus fanzines. Por adorar história, podia relacionar tendências da cultura pop com referências históricas.

Depois de me formar na Sullivan com um diploma em artes em 1970, voltei para Nova York para fazer um bacharelado em educação no Richmond College, em Staten Island, que era parte da Universidade da Cidade de Nova York. Voltei para a casa da minha mãe em Flushing, Queens. Para alguém com 21 anos, isso não era a coisa mais legal a se fazer, mas eu não me importava.

Aparentemente, a equipe da Condé Nast notou minhas habilidades, porque, após eu me formar na faculdade, no verão de 1972, consegui um emprego como assistente da Kate Lloyd, a editora da *Vogue*. Uma das boas vantagens desse emprego é que eu era o único homem no andar. Os escritórios da *Vogue* eram cheios de modelos indo e vindo para as suas provas de roupas e sessões de fotos, e a maioria delas era da minha idade. Tive a sorte de fazer novos amigos.

Eu tinha começado a acumular uma quantidade decente de dinheiro. Tanto que pude "emprestar" algum dinheiro para a minha mãe e o seu novo marido, Eli, para dar a entrada em uma casa. Alguns anos depois disso, pude comprar para a minha mãe sua própria casa e um carro.

Não estava pronto para começar a pagar aluguel ou comprar um carro ou para nenhum dos outros custos que você tinha quando vivia sozinho. Eu precisava terminar minha faculdade. Então decidi ficar na casa da minha mãe que, felizmente, ficava muito feliz em me ter lá. Também contribuía com as despesas da casa.

Viver na casa da minha mãe enquanto frequentava o Richmond College não era fácil. Para chegar da casa da minha mãe em Flushing, Queens, até Staten Island, tinha que me levantar todas as manhãs às seis, pegar o ônibus até o ponto final na rua principal de Flushing e então pegar o metrô até a última estação na ponta da ilha de Manhattan. De lá eu tinha que pegar a balsa que passava pela Estátua da Liberdade e finalmente chegava em Staten Island. A viagem de casa até o campus demorava duas horas na ida e na volta. O que totalizava quatro horas de viagem todos os dias para frequentar a faculdade.

Não me sobrava muito tempo para pegar um emprego de meio expediente ou para muitas outras atividades. Eu já tinha começado a tocar em uma banda chamada Wicked Lester, com Paul Stanley e meu amigo do colegial Stephen Coronel (com quem eu escreveria as músicas "She" e "Goin´ Blind"), mas estávamos apenas começando e ainda tínhamos que ganhar dinheiro.

Então eu inventei um jeito de ganhar dinheiro comprando e vendendo quadrinhos. Como eu sabia o valor de certos títulos e edições, botei meu velho mimeógrafo para funcionar e imprimi um folheto anunciando que pagaria um dólar por meio quilo de quadrinhos velhos. O folheto tinha meu número de telefone e comecei a receber ligações imediatamente. Como não podia dirigir, Paul Stanley me fez o favor de me levar por aí em seu Mustang. Parávamos em uma casa, eu pagava o dono em dinheiro e saía de lá com pilhas de quadrinhos velhos.

Era um bom negócio. Se pagasse dez dólares por cinco quilos de quadrinhos, havia chance de uma daquelas revistas, com o título certo, da época certa e com a qualidade certa, valer milhares de dólares. Um dos achados que veio do porão de alguém era uma edição antiga da *Action Comics*, o título que lançou o Super-Homem. Deve ter sido o número 58 ou algo assim, mas em boas condições. E isso significava que poderia revendê-la para um colecionador ou para uma loja de quadrinhos. Eu conhecia um colecionador que tinha uma loja em Elmhurst, Queens, perto do colégio onde estudei (Escola Newtown) e depois de negociar bastante (e depois de ele ver que eu sabia que ela era valiosa), a vendi por algo em torno de oitocentos dólares. Essa era a obrigação fiduciária comigo mesmo que mencionei e mencionarei de novo – eu sabia que aquela revista era valiosa porque eu tinha pesquisado. De outra forma ele poderia ter me oferecido menos – e não seria responsabilidade dele me pagar o justo. O ônus era meu de ter certeza que eu sabia o valor da minha mercadoria.

No outono de 1972, comecei a trabalhar no Conselho Interagencial Porto-Riquenho, um projeto financiado pelo governo para pesquisa e divulgação. Sua meta era descobrir como o financiamento governamental estava sendo usado para ajudar porto-riquenhos no noroeste dos Estados Unidos. Eu administrava o escritório, que ficava localizado na avenida Lexington e na 95th Street lado leste, no norte de Manhattan, e era assistente de duas mulheres que lideravam o projeto, Magdalena Miranda e Leticia Diaz. Tinha as chaves e era responsável por abrir o escritório, atender os telefones, datilografar cartas, consertar o mimeógrafo e as máquinas Risograph, tudo que precisasse ser feito.

O relatório em que trabalhávamos era intitulado Melhoras nos Serviços para Porto-Riquenhos no Nordeste dos EUA e em Porto Rico. Eu sei como o relatório se chamava porque datilografava cada palavra dele. Ainda me orgulho de ter uma cópia. Na primeira página está a lista das pessoas que participaram do projeto. Lá no final da lista está meu nome, Gene Klein, como eu era conhecido na época.

Depois de encerrar meu dia de trabalho no Conselho Porto-Riquenho, eu pegava o metrô até a Quinta Avenida e a 14th Street até um mercadinho onde eu trabalhava como caixa. Trabalhava lá até as 22 ou 23 horas, por dois dólares a hora. Lá eu podia comer o quanto quisesse e até levar comida pra casa.

Então, por volta das 23 horas, pegava o metrô subindo alguns quarteirões até o número dez da 23th Street, lado leste, onde Paul Stanley e eu começávamos os ensaios com a Wicked Lester. Tocávamos até uma ou duas da manhã. Não era uma área particularmente glamourosa de Nova York. E não há muito para se ver lá agora. Mas tudo que importava em 1972 é que ali havia um loft no segundo andar, e era barato. Paul e eu alugamos o apartamento para ensaios pela soma total de duzentos dólares ao mês. O elevador quase nunca funcionava e éramos obrigados a subir as escadas carregando nossos amplificadores. Mas foi lá que as sementes do nosso sucesso foram plantadas. E trabalhamos nele incansavelmente.

Todas as noites, depois de terminar os ensaios, eu seguia para a casa nova da minha mãe em Bayside, no Queens. Bayside era longe de Manhattan e era preciso pegar o metrô até a última parada no Queens, e depois subir em um ônibus e ir até o ponto final em Flushing, o que levava uma hora e vinte minutos. Depois de um tempo, acabei mudando minha cama e a televisão para o nosso espaço de ensaios em Manhattan, apelidado de "O Loft". Dessa forma, poderíamos ensaiar até tarde e eu ainda podia estar de pé às 7:30, e no trabalho do Conselho Porto-Riquenho às 8:45.

Eles dizem "nunca coloque todos os seus ovos em um único cesto". Em Wall Street, eles dizem "espalhe os riscos". É mais ou menos a mesma coisa. E, apesar de eu não ter treinamento nessa área, parecia entender instintivamente certos preceitos das boas práticas nos negócios. Queria tentar uma carreira na indústria da música, também conhecido como formar uma banda de rock. Mas, não havia garantias de que isso funcionaria. Na verdade, havia estatísticas o suficiente para me dizer que as cartas não estavam ao meu favor. Assim trabalhei em dois empregos ao mesmo tempo que estava tentando formar uma banda. Trabalhava no Conselho Porto-Riquenho, como assistente da diretoria. E então depois das 17 horas, pegaria o metrô de Nova York até a 15ª Avenida e trabalharia no mercadinho, como caixa. Também podia comer lá e levar comida comigo, além de receber um salário. Na época em que o KISS começou, eu tinha acumulado 23 mil dólares, porque apesar de querer perseguir uma paixão, eu me recusava a apostar o meu sustento. A aposta teria valido a pena, pela forma como as coisas se seguiram – logo teria que me demitir dos meus vários empregos porque nossa nova banda começava a me tomar mais tempo. Em menos de um ano e meio, estávamos tocando no Estádio Anaheim, na Califórnia. Mas isso não significa que teria sido esperto depositar todas as minhas esperanças em uma área, ou tudo ou nada. A lição que aprendi enquanto trabalhava em dois empregos além da banda foi aquela que eu implementaria depois, mesmo depois da banda – e foi uma lição que me salvaria, de novo e de novo. Espalhe os riscos. Jogue para vencer.

6.
Quem sou eu?

> "Se você pensa que pode ou pensa que não pode,
> de qualquer modo você tem toda a razão."
>
> HENRY FORD, industrial, fundador da Ford Motor Company
> e criador da linha de montagem moderna

Eu me inventei.

Ao nascer, eu recebi o nome Chaim Witz. Witz (pronuncia-se *Vitz*) era o sobrenome do meu pai.

Para a maioria dos americanos, meu primeiro nome, Chaim, soava como um gato tossindo uma bola de pelos. Isso porque o som gutural do "ch" hebraico (provavelmente o som mais comum na língua hebraica) não existe no inglês e na maioria das línguas romano/latinas – com exceção talvez do alemão, que tem seu próprio som, levemente menos gutural que "ch".

De qualquer forma, não levou muito tempo depois que chegamos aos Estados Unidos para perceber que o meu nome hebraico simplesmente não funcionava aqui. Ninguém sabia como soletrá-lo ou pronunciá-lo, pelo mesmo motivo que as pessoas da sociedade ocidental também têm dificuldade em soletrar ou pronunciar o nome do feriado judaico Chanukah, o Festival das Luzes.

Então, decidi *mudar meu nome*.

Isso aí.

Simples assim.

Se eu lhe perguntar qual é o seu nome, provavelmente você irá me dizer. Mas estou aqui para lhe dizer que esse não é o *seu* nome. Você não teve nada a ver com a escolha dele. Provavelmente foi escolhido para você antes mesmo de você nascer.

Decidi que eu teria meu próprio nome. Um que eu daria a mim mesmo.

Poucas coisas na vida são escolhas. Você não pode escolher de onde você veio. Você não pode escolher a cor da sua pele. Você não pode escolher se você nasceu homem ou mulher. Então eu decidi que me reinventaria e comecei escolhendo meu próprio nome.

Escolhi Gene, provavelmente por causa de Gene Barry, o ator dos anos 1950 e 1960 que estrelou na TV os programas *Bat Masterson* e *Burke's Law* e a ficção científica *Guerra dos mundos*. Eu achava que Gene Barry era legal, então eu me tornei Gene.

Quando minha mãe se divorciou do meu pai, ela voltou a usar seu nome de solteira, Klein, mantendo a tradição judaica. Então quando saí da yeshivá e entrei na escola pública na quinta série, me tornei Gene Klein.

Entretanto, mesmo que eu gostasse do som de Gene Klein muito mais que do som de Chaim Witz, ainda não soava totalmente certo para mim.

Fui Gene Klein da quinta série à graduação na faculdade, até a época em que conheci Paul Stanley, em 1972.

Paul também tinha um nome diferente na época e mudou para Paul Stanley. Esperto.

Quando pareceu que eu iria mesmo fazer parte de uma banda de rock, ficou claro para mim que nomes judaicos simplesmente não soavam bem para as massas nos Estados Unidos ou mesmo no resto do mundo.

Não estou aqui para lhe dizer se é certo ou errado ou mesmo se deveria ter importância a sonoridade do seu nome ou se ele é fácil de soletrar. Mas isso *realmente* importa, quer você queira ou não.

Eu não levei para o lado pessoal. Só reconheci os fatos. Percebi que Robert Zimmerman se transformou em Bob Dylan. Que Marc Bolan do T.Rex nasceu Mark Feld. E que Leslie West do Mountain originalmente era conhecido por Leslie Weinstein. Eles todos se reinventaram, mudaram seus nomes e as imagens deles junto.

Estava claro que eu precisava terminar de me inventar. Honestamente, não consigo me lembrar de onde o nome Simmons veio, mas ele me soava americano e eu queria *ser americano*.

Então, em 1971, eu me tornei Gene Simmons. Eu lembro claramente. Depois de uma noite de ensaios com nossa nova banda, Paul e eu estávamos no metrô voltando para nossas casas no Queens. (Nenhum de nós podia bancar nossas próprias casas na época, Paul vivia com seus pais e eu vivia com a minha mãe.) Já passava da meia-noite e me lembro de dizer ao Paul que ia mudar meu nome para Gene Simmons.

E simples assim, eu me reinventei.

Eu também não parecia estar em uma banda de rock. Bandas de rock pareciam ter vindo da Inglaterra e eram predominantemente brancas. Não estou aqui para dar razões socioeconômicas; apenas estou dizendo que era assim que as coisas eram. E ainda são, a maioria delas. Na vida e nos negócios é sempre importante reconhecer qual o padrão predominante. É apenas boa pesquisa de mercado. Lembre-se, não estamos falando apenas de músicos, estamos falando de *estrelas do rock*.

Na era moderna do rock (de 1962 para frente), a vasta maioria das estrelas do rock eram jovens e brancos. Praticamente não havia nenhuma estrela do rock afro-americana. Quase não há ainda hoje, dependendo de como você define "estrela do rock". Uma das poucas exceções foi Jimi Hendrix, contudo é preciso notar que seus dois colegas de banda eram brancos e ingleses.

Nunca houve nenhuma estrela do rock asiática com o mesmo apelo mundial – nem da Índia, do Japão, da China ou qualquer outro lugar na Ásia. Nunca existiu nenhum judeu ortodoxo que virou estrela do rock. E tirando talvez Janis Joplin, nunca houve uma mulher estrela do rock com a magnitude dos Beatles ou do Elvis.

Os poucos judeus que se tornaram estrelas do rock mudaram seus nomes e/ou foram discretos com o fato de terem nascido judeus. Eles entendiam que as massas não gostavam e levantar a bandeira judaica seria broxante. As massas apenas querem *estrelas do rock*.

Estamos falando de *rock* aqui, tenha isso em mente. Não pop ou disco ou new age ou qualquer outra forma de música. R-O-C-K.

Você precisa ser uma banda. Você precisa escrever músicas e tocar seus próprios instrumentos. Você precisa ter guitarras, baixos e baterias. E você precisa ser um jovem homem branco (pronto, falei). Não estou aqui para julgar o valor desses fatos – isso pode ser um terrível resultado de uma mídia branquela ou alguns terríveis e injustos atos de racismo subliminar na cultura pop. Qualquer que seja a causa – eu queria ser bem-sucedido. Se eles não me reverenciariam da forma que eu era, eu me tornaria algo diferente. Eu os venceria no seu próprio jogo.

R&B, por outro lado, é negro. The Temptations, The O'Jays e muitos outros são gloriosamente negros.

Os Beatles, os Stones, Led Zeppelin e o resto dos astros do rock na época eram todos jovens homens brancos e tinham uma certa estética. Eu não tinha aquele visual. Não era "branco" o suficiente. Não da forma que os ingleses eram. Então eu fiz o melhor que pude com o que eu tinha. Deixei meu cabelo crescer. Aprendi a alisá-lo, a fazer escova e usei montes de spray. Eu ainda uso. Comecei usando roupas escandalosas e me ensinei a escrever músicas e a tocar guitarra e baixo.

Em 2012, Jimmy Page veio conferir o KISS quando tocamos em Londres, Inglaterra. E mais ou menos um ano depois disso, eu estava em Nova York a negócios. Jimmy, que por acaso estava em Nova York e sempre foi um cavalheiro, apareceu para dizer olá. O homem que sozinho criou mais riffs clássicos de guitarra que todas as outras bandas juntas. O Mestre do Riff, de todos eles.

Não sabia nada sobre marketing e nunca tinha ouvido essa palavra. Mas eu instintivamente sabia o que funcionava e o que não funcionava sem perguntar para os outros. Ou você faz pesquisa de mercado ou você tem um boa intuição. Eu tinha, e continuo tendo, "uma boa intuição". Meus instintos me serviram bem e me deram uma vida boa.

Estrelas do rock não apenas *se parecem* com estrelas do rock. Seus nomes *soam* como de estrelas do rock. Mick. Jimi. *Yeah*, "isso é rock". Tem algo inexplicavelmente legal nesses nomes.

Todos esses artistas se inventaram. Dos pés à cabeça, por dentro e por fora.

Então decidi que, se eu ia ter uma banda, poderia aumentar minhas chances de sucesso escolhendo alguém como Paul Stanley, que poderia ser meu sócio. Ele era tão apaixonado por cultura pop e pelo sucesso quanto eu. Ele estava disposto a se inventar. Nós dois estávamos dispostos a nos tornar camaleões e fazer o que fosse preciso para *nos tornarmos* a imagem que melhor funcionaria para o mercado em que queríamos entrar. Dos pés à cabeça.

Pareça com uma estrela do rock, aja como uma estrela do rock e, se você tiver sorte, você pode chegar a *ser* uma estrela do rock. Fingir até conseguir.

Quando eu dei aula na sexta série no Spanish Harlem, eu era conhecido como Sr. Klein. E esse era um nome apropriado para aquele trabalho; ele soava como um nome de professor. Mas Klein nunca iria funcionar para uma banda de rock. Simplesmente não *soa* muito rock-and-roll.

Gene Simmons não era perfeito, mas era melhor que Chaim Witz e, em 1971, me tornei Gene Simmons.

Até agora funcionou.

7.
KISS

Em 21 de fevereiro, 1974, o primeiro álbum do KISS foi lançado. São mais de quarenta anos de lá até esse texto! E que viagem louca tem sido.

No verão de 1972, parecia que a Wicked Lester não iria funcionar, mesmo com o contrato de gravação que tínhamos com a Epic Records. Assim Paul Stanley e eu nos reagrupamos e começamos de novo. Essa vez formaríamos a banda que nunca vimos no palco, a banda que *nós* queríamos ser. Agora garantiríamos que teríamos a formação correta. Essa vez, nos certificaríamos de que teríamos as músicas certas.

Nós fizemos do jeito certo.

Nós fundamos a banda. Não tínhamos outros sócios. Não existiam investidores. Existiam apenas nós dois. A maioria do tempo existiam apenas Paul e eu.

Essa vez iríamos conseguir de verdade.

Crescer ou desistir.

Mas não tínhamos um agente. Não tínhamos um selo de gravadora para nossa nova banda. Não tínhamos advogados. Não tínhamos ninguém para nos aconselhar ou nos guiar.

Então comecei a ler religiosamente as publicações clássicas da indústria da música, *Billboard*, *Cashbox* e *Record World*. Toda semana eu via as listas com o que estava vendendo e o que não estava. Estava sempre aprendendo sobre qual banda estava tocando em qual casa de shows e quanto eles tinham faturado. Toda semana aprendia sobre as diferentes figuras da música, quem eram, o que faziam e como faziam.

Era um outro tipo de educação, do tipo que você não recebe na escola. E vale notar que o que eu estava fazendo, mesmo que provavelmente não estivesse familiarizado com esse termo na época, era minha própria "diligência prévia", o que significa que eu me educava.

Como já falei, sempre tive um emprego ou dois e sempre poupei dinheiro. Então, em meados de 1972, quando tinha 22 anos, já tinha economizado 23 mil dólares, o que era uma soma considerável naquela época (ainda é para a maioria das pessoas com 22 anos). Paul às vezes dirigia um táxi para conseguir alguns trocados. Isso também é parte da diligência prévia – se educar e se alimentar são responsabilidades de cada um.

Paul tinha um Mustang velho e usado, mas frequentemente nós dois usávamos o metrô e o ônibus como meio de transporte. Comíamos cachorros-quentes na rua. Nunca saíamos para comprar roupas. Raramente gastávamos qualquer dinheiro.

Mas quando chegou o momento de conseguir um apartamento para servir de local de ensaio da nossa banda e base de operações, não hesitamos. O aluguel era duzentos dólares ao mês. Em 1972, Ace Frehley e Peter Criss se juntaram a nossa nova banda, que nós ainda chamávamos de Wicked Lester.

Peter era casado e não tinha trabalho além de perseguir uma carreira como músico profissional. Ele teve a sorte de ter uma esposa que sustentava os dois e era dedicada a sua busca para ser um baterista de sucesso em uma banda. Isso deixaria o dinheiro do aluguel para Paul e eu cobrirmos. Algumas vezes Paul não conseguia levantar a parte dele, então cabia a mim ter certeza de que o aluguel era pago todos os meses.

A banda precisava de amplificadores. Paul e eu os compramos.

Precisávamos de um sistema de som. Paul e eu compramos um Peavey com 27 canais e alto-falantes e conseguimos amigos que construíram os gabinetes do equipamento. Tudo era barato. Paul e eu pagamos por tudo isso. Não tínhamos *roadies*, então amigos do Ace e do Peter geralmente nos ajudavam.

Novamente, uma boa decisão. Invista em você mesmo. Se você pode pagar, não pegue emprestado. Pague você mesmo.

No Natal de 1972, nós nos rebatizamos KISS. Paul pensou no nome. Foi Ace que desenhou o primeiro logotipo da banda. Paul melhoraria depois o logo e essa seria a versão que usamos em tudo até hoje.

Paul tinha que alugar alguns caminhões de leite para que conseguíssemos carregar nossos equipamentos na ida e volta dos shows.

Apesar de alguns agouros dos nossos últimos colegas de banda, éramos jovens e achávamos tudo uma grande aventura.

O que nos traz de volta ao que venho dizendo sobre a importância de encontrar os sócios certos. Você não pode fazer tudo sozinho e nenhum de nós poderia ter feito também. Juntos poderíamos ir até o final.

No começo de 1973, chegava o momento de lançar um informativo para a imprensa anunciando o nascimento do KISS e convidando a indústria da música para o nosso show de lançamento no Crystal Room do Hotel Diplomat. Éramos a segunda banda no cartaz. Os Brats, uma banda local popular, eram a atração da noite. A terceira era uma banda chamada Luger.

Escrevi um contrato para todas as bandas assinarem. Eu não era um advogado e não tinha formação jurídica. O motivo pelo qual pensava que teria valor legal (ele tinha) e pensava que as outras bandas assinariam (eles assinaram) nem eu sei dizer. O contrato dizia que cada banda entraria e sairia do palco em um determinado horário. Luger entraria às 20:30 e sairia às 20:15. KISS entraria às 21:30 e sairia às 22:30. Os Brats, que eram a atração principal, não entrariam no palco antes das 23h.

Tudo foi bem e como o planejado.

Eu ainda estava trabalhando no Conselho Porto-Riquenho e podia usar todos os equipamentos do escritório depois do expediente. Então, quando chegou a hora de montar nosso material de divulgação, usei as máquinas de escrever, os envelopes pardos e os selos e montei uma lista com todas as gravadoras, agentes, revistas de música e músicos profissionais cujos endereços consegui encontrar nas edições de final de ano da *Billboard*, *Cashbox* e *Record World*.

Tomamos o cuidado de não mencionar nenhum dos nomes das outras bandas nos convites que enviei para o pessoal da indústria. O material de divulgação apenas citava os *Mestres do Heavy Metal "KISS"* e a nossa hora agendada, 21:30-22:30. O pessoal da imprensa e os agentes que apareceram sem dúvida ficaram impressionados quando viram um salão enorme cheio de fãs. A maioria deles provavelmente estava lá para ver os Brats, mas esse fato não deveria nunca ser revelado para o pessoal da indústria que fora até lá.

Um amigo do Peter que trabalhava em uma gráfica nos fez um favor e permitiu que imprimíssemos pôsteres anunciando nosso show, os quais Paul e eu colamos nos prédios de Manhattan para ajudar a criar um boca a boca. Além disso, Paul e Peter conseguiram criar camisetas pretas com o logo do KISS em purpurina que as irmãs do Peter usaram na frente do palco enquanto gritaram por nós.

Assim, o KISS chegou ao palco e quebrou tudo. Depois tivemos meia hora para encontrar e cumprimentar as pessoas da indústria da música e tirá-las de lá antes que a verdadeira atração da noite subisse aos palcos e nossa armação fosse descoberta. Fazendo com que acreditasem que eram os últimos a chegar em uma festa que tinha começado sem eles. Você não precisa mentir, mas é preciso criar uma imagem que faça com que as pessoas queiram o que você tem.

Encontrei-me com Bill Aucoin logo depois do nosso show, e nos sentamos para um bate-papo rápido. Fiz com que uma garota com quem eu estava "saindo" se sentasse no meu colo enquanto nós conversássemos, para criar a ilusão de grande astro do rock que eu tanto admirava nos meus heróis. E a sorte estava lançada. Usei meu charme. Bill imediatamente queria estar envolvido. Na época ele estava produzindo e dirigindo um programa de TV chamado *Flipside*, que entrevistou John Lennon e outras personalidades da música no estúdio. Ele também produzia um *game show* chamado *Supermarket Sweep*.

Aucoin concordou em ser nosso agente. Contratos foram feitos e o KISS precisava de um advogado. Contratamos Stan Snadowsky, um advogado e produtor musical que agendava shows no Bitter End, um clube em Greenwich Village. Ele sempre nos deixava entrar no clube para ver as apresentações (no ano seguinte, Snadowsky se tornou coproprietário de uma nova casa, o Bottom Line, que se tornou um clássico da cena musical de Nova York por três décadas). Aucoin precisava de um advogado para a parte dele também, mas ele não tinha recursos, então lhe emprestei dinheiro para pagar seu advogado. Toda a minha frugalidade estava sendo recompensada – literalmente. Com a quantidade significativa de dinheiro que eu tinha economizado, fui capaz de cobrir muitas dessas despesas iniciais que ajudaram a lançar nossa carreira. Ninguém mais na banda tinha dinheiro disponível

– e até nosso agente tinha um orçamento apertado – então ficou por minha conta.

Em menos de seis meses, no outono de 1973, estávamos gravando nosso primeiro álbum para a Casablanca Records com os produtores Kenny Kerner e Richie Wise no Bell Sound, o lendário estúdio de Manhattan, logo ao lado, na rua do Studio 54. Éramos jovens. Éramos inexperientes. E simplesmente não conseguíamos acreditar no que estava acontecendo conosco.

Entre os dois empregos que eu tinha, ganhava algo perto de trezentos dólares por semana, uma quantia grande na época. Quando me demiti dos meus empregos para dedicar todo o meu tempo para o KISS, fui dos trezentos dólares por semana para o salário semanal de 75 dólares que a banda me pagava no momento. Isso era tudo que a gente ganhava no início, apesar de que após alguns meses nosso salário subiu para 85 dólares – e isso antes dos impostos.

Mas isso não importava. Estávamos fazendo o que amávamos. Nós estávamos em uma banda. E acreditávamos no que estávamos fazendo.

Se não tivesse a segurança das minhas economias de todos aqueles outros trabalhos estranhos, talvez tivesse continuado trabalhando e não poderia pôr todo o meu foco em levar o KISS para o próximo nível. "Não largue seu emprego principal" é geralmente um bom conselho, a menos que você possa fazê-lo de outra forma.

A história do KISS foi contada e recontada em livros, filmes e documentários. Então não vou entrar em tudo isso aqui. Em vez disso, vou voltar às minhas observações iniciais sobre minha aparente falta de qualificação formal para qualquer empreendimento que eu fui atrás, a começar pela música.

A área da música popular é principalmente habitada por pessoas desqualificadas. Eles nunca foram para a escola para aprender o que fazem. Na verdade, eles mal entendem o que fazem ou como fazem. *Eles apenas fazem.*

Eu não sei ler ou escrever partituras, mas compus centenas de canções.

Nunca tive aulas de música. Nunca tive um professor de música para me ensinar a tocar guitarra, baixo, teclado ou bateria, mesmo assim me viro com todos esses instrumentos bem o suficiente para escrever músicas e gravar demos.

Dificilmente estou sozinho na minha falta de qualificação musical. Na verdade, estou em muito boa companhia, incluindo muitas das figuras mais icônicas da música.

Elvis Presley não sabia ler e escrever partituras. Os Beatles nunca aprenderam a ler ou escrever partituras e nunca tiveram aulas para aprender a tocar seus instrumentos. Eles simplesmente aprenderam sozinhos.

Você pode seguir a lista. Jimi Hendrix, os Rolling Stones, Foo Fighters, Green Day. Muitos deles são autodidatas – muitos deles nunca tiveram uma aula normal, ainda assim não tiveram problemas para compor e tocar suas músicas. É como aprender a falar em uma nova língua, mas sem nunca aprender a ler e escrever.

Meu ponto é: em qualquer campo que se possa escolher, cabe a *você* se educar e se tornar um empreendedor capaz. E você não pode usar a falta de treinamento formal como uma desculpa para perseguir o sucesso que deseja.

Reparei cedo que aquele mundo no qual eu tinha entrado nunca foi chamado apenas de música. Sempre foi chamado de *negócio* da música. E show *business*. E *indústria* cinematográfica.

Intrinsecamente, *tudo* é um negócio.

Tudo tem, ou deveria ter, uma contabilidade.

Tudo tem, ou deveria ter, um orçamento.

Tudo tem, ou deveria tentar ter, uma intenção de lucro.

Trabalho. Religião. Bandas de Rock.

E VOCÊ.

VOCÊ é um negócio.

VOCÊ deveria ter um orçamento.

VOCÊ deveria ter uma contabilidade.

VOCÊ deveria ter um objetivo lucrativo.

Eu tinha na época.

E tenho agora.

8.
Aprendendo sobre *branding* e o negócio da música

"Eu sou a marca."

GENE SIMMONS (você não se enganou, eu acabei de citar a mim mesmo)

Desde o começo, entendíamos que o KISS era um negócio, mas ainda tínhamos muito a aprender. Bill Aucoin e nossos advogados nos ajudaram a aprender sobre diversas novas áreas de negócios com que nunca nos deparamos antes.

Como as marcas registradas. Para proteger os designs da maquiagem dos nossos rostos, nossos logos e nossas músicas precisávamos registrar as marcas e os direitos autorais. Marca registrada e direitos autorais são termos legais ligeiramente diferentes e dão garantias legais ligeiramente diferentes. Mas ambos existem para prevenir que outros roubem ou copiem as suas criações.

Obter os direitos autorais de uma música era uma prática comum na época, mas registrar especificamente o nosso visual era uma história completamente diferente. Ninguém nunca tinha feito algo assim antes. Nós conseguimos registrar nossos *rostos* e a forma que a maquiagem era feita neles. Antes do KISS, os autores de quadrinhos e personagens de desenhos animados podiam registrar a forma como suas criações se pareciam. Mas era rara a tentativa de registrar o que era, essencialmente, a identidade de palco de um ser humano. O agente do KISS, Bill Aucoin, nos atentou para a possibilidade de registrarmos nosso visual. Levou mais ou menos um ano, e a marca foi registrada em 1977 junto à Biblioteca do Congresso. Merece nota, porque Jimmy Fallon não pôde registrar seu rosto – é apenas um rosto. Mas os rostos do KISS são mais do que rostos: eles são símbolos que se espalharam por quatro décadas – e provavelmente sobreviverão após a nossa morte. Essa foi a decisão mais importante que a gente já tomou – porque nós incorporamos um design aos nossos rostos, nossos rostos viraram parte do design e, dessa forma, passíveis de serem protegidos pelas leis de registros. E esses símbolos têm perdurado.

Os advogados nos explicaram sobre "fontes de renda", que são áreas que geram dinheiro. Os direitos autorais que a banda receberia das vendas dos discos. Dinheiro que receberíamos por tocar em shows ao vivo. Direitos autorais e de reprodução gerados pela transmissão no rádio das músicas que escrevemos e lançamos, assim como o seu uso na TV, em filmes e em outras mídias.

Ficou claro para Paul e para mim que, uma vez que tínhamos escrito quase todas as músicas, deveríamos receber mais dos direitos autorais que Ace e Peter. Contudo, Bill Aucoin nos convenceu a dividir todo o dinheiro entre os quatro, inclusive os direitos autorais. Bill tinha certeza de que uma divisão igualitária iria incentivar todos os quatro membros a contribuir mais, a trabalhar mais duro pela banda e a se dispor a fazer o que fosse preciso para ajudar a banda a ser um sucesso.

Era uma ideia bonita, mas, infelizmente, a realidade foi diferente. Mesmo dividindo por igual nossos direitos autorais com Ace e Peter, isso dificilmente parecia inspirá-los a se entregar totalmente à banda. Seja lá qual fosse a disfunção que parecia existir com Ace e Peter, ela parecia piorar. Piorava muito e muito rápido.

Respeitosamente, nem Ace nem Peter pareciam notar ou se importar que Paul e eu estávamos fazendo um gesto que não tínhamos obrigação de fazer. Então, depois de alguns álbuns, nós renegociamos e mudamos legalmente a maneira como os direitos autorais eram divididos. Nós deveríamos ter sido mais proativos desde o comecinho, mas queríamos fazer com que todos na banda se sentissem iguais.

Na banda The Who, Pete Townshend recebe mais dinheiro que Roger Daltrey. Como realmente deveria receber. Ele escreve as músicas.

Uma lição aprendida: seja pago pelo que você faz.

No meio de negociações, formações, redistribuições, mudanças na equipe e tudo mais, em menos de três anos o KISS se tornou a banda mais popular segundo as pesquisas da Gallup. Batemos o Led Zeppelin e até os Beatles.

Apesar do sucesso, éramos frequentemente ridicularizados pela crítica por não aderirmos a um hipotético critério que eles inventaram chamado "credibilidade". Uma ideia interessante, porque ninguém podia descobrir quem inventou isso, quais eram as regras, quem decidia se você tinha credibilidade, e assim por diante. Tinha algo a ver com não focar em dinheiro – espero que você possa perceber que, do meu ponto de vista (o pequeno garoto imigrante que descobriu como era boa a sensação de vender frutos dos cactos e conseguir o próprio sustento), isso ainda parece sem sentido. Desde o início, o KISS era um tipo diferente de banda. Víamos nossos fãs querendo mais que apenas discos e shows, então dávamos isso a eles. Oferta e procura não é uma forma egoísta de se aproveitar das pessoas – é descobrir o que as pessoas querem e oferecer isso sem o aval de ninguém sobre ser "elegante" ou "ter credibilidade". Essas pessoas gostavam da gente? Essas pessoas realmente queriam comprar coisas com os nossos rostos nelas? Eu posso ganhar meu sustento assim? Ótimo.

KISS lançou a ideia de que uma banda de rock podia se tornar uma *marca*. E isso nos permitiu explorar mais fontes de renda e negociar a maior parte delas nós mesmos, assim não perdíamos dinheiro para intermediários. Colocávamos formulários de compra dentro dos discos, com isso os fãs podiam pedir camisetas e fivelas de cinto e vários itens diretamente conosco. Também fizemos um acordo com um cavalheiro chamado Ron Boutwell, que comandava uma distribuidora em Los Angeles de onde nossas mercadorias eram enviadas direto para os fãs.

Publicamos nossa própria revista para fãs e não tínhamos vergonha de licenciar e comercializar nós mesmos e nossas imagens, como nenhuma banda jamais tinha feito. Os críticos que se danassem.

E, é claro, éramos criticados por pessoas que nunca conquistaram nada, que nunca tocaram em uma banda ou escreveram suas próprias canções. Eles apenas tinham acesso a uma máquina de escrever e a uma coluna. Nós os ignorávamos. Na época. E agora. Eles não significam nada. Nunca significaram. Nunca significarão.

KISS continuaria, década após década, indo onde nenhuma outra banda tinha ido antes. Nada nos deteria, nem as críticas e nem mesmo a perda de alguns dos nossos fundadores.

Decidimos continuar e continuamos a ter um grande sucesso com novos membros que consideravam uma honra e um privilégio estar na banda. Até hoje, Tommy Thayer e Eric Singer estão na banda há mais tempo que qualquer outra formação – somos o KISS renascido. E com Paul, o irmão que eu nunca tive, não há nada que não possamos fazer. Veja como aceleramos.

Novamente, sempre se certifique de ter os sócios certos.

A lição para você? Nunca deixe ninguém parar VOCÊ na sua busca pelo sucesso.

No final dos anos 1970, o KISS se tornou um fenômeno mundial e, junto com a nossa popularidade, veio um mar de críticos e pessimistas que quase que inevitavelmente vêm junto com o sucesso. Eu me lembro de ser chamado nos bastidores enquanto me preparava para um show no Sul, quando um bem-intencionado, mas mal orientado pastor e seus seguidores chegaram à porta dos bastidores da casa de shows. O pastor carregava uma cruz nas suas costas – não, eu não estou exagerando, ele realmente estava carregando uma cruz nas costas. Imagino que eu seria um hipócrita se dissesse que ele estava sendo muito performático.

Fiquei curioso, então abri a porta. Ele parou lá, vestido no que provavelmente acreditei ser o figurino dos judeus na Palestina por volta de 30 d.C. Ele apontou seu dedo para mim e começou a fazer acusações. Eu iria para o inferno, ele dizia.

Perguntei para ele, gentilmente, o que tinha acontecido com "Não julgueis, para que não sejais julgados"? Perguntei também: Quem é *você*? O que você já fez?

Após um debate teológico bem longo, no qual teimosamente e incansavelmente me recusei a deixar pra lá, desculpei-me.

O meu ponto aqui – com essa história e com os críticos virulentos – é que é importante saber, caso você venha a ser um sucesso, que *ninguém* é melhor que você.

Ninguém tem o direito de apontar o dedo na sua cara.

Ninguém tem o direito de lhe fazer se sentir mal sobre você mesmo.

Ninguém é melhor ou mais santo que você.

Ninguém.

9.
Eu sou um empreendedor

"A genialidade é 1% inspiração e 99% transpiração."
THOMAS EDISON, inventor do fonógrafo, da câmera cinematográfica, da lâmpada incandescente e pioneiro da eletricidade

Eu sou um empreendedor. Um empreendedor bem-sucedido.

Mas não deixe isso o enganar.

Não tenho qualificações para estar em nenhum dos meus projetos.

Se eu fosse um empregador e recebesse o meu currículo, eu não me contrataria.

Eu estou no KISS, atualmente celebrando nosso 40º ano de Dominação Mundial. Fundei a banda junto com meu sócio Paul Stanley. (Lembre-se da palavra *sócio*. Vai aparecer algumas vezes neste livro.) O KISS quebrou o recorde de vendas estabelecido pelo Elvis e pelos Beatles. E temos literalmente milhares de produtos licenciados e outras mercadorias pelo mundo que levam o nosso nome e a nossa imagem. Desde a Hello Kitty do KISS, que em breve terá seu desenho animado na TV, até o campo de golfe coberto do KISS em Las Vegas, onde tudo brilha no escuro com luz negra. Ele fica do outro lado da rua do Hard Rock Hotel e está sempre lotado. Você pode se casar por lá também, na capela temática Hotter Than Hell. Um dos eventos mais curiosos foi o de uma colônia nudista que tomou conta do lugar. Golfistas pelados fãs do KISS. O que mais falta?

O KISS foi aonde nenhuma outra banda jamais chegou antes. E não parece que o ritmo diminuirá tão cedo. Na verdade, continua crescendo e crescendo. Estamos em todos os lugares.

Em licenciamentos musicais e merchandising, o KISS é uma monstruosidade. Não há nenhum grupo que chegue perto.

E isso sem contar os discos, camisetas e turnês.

Segundo algumas estimativas do mercado, os membros do KISS são os quatro rostos mais reconhecidos em todo o planeta. Eu entrei nesse assunto antes – que os nossos rostos são marcas registradas. Permita-me provar para você: a Suécia é uma monarquia. Você sabe reconhecer o rei e a rainha da Suécia? Se você não é da Suécia, e especialmente se você é dos Estados Unidos, há uma grande chance de não saber. Se você é de lá, é claro que conhece os seus próprios monarcas. Mas, quer você seja ou não da Suécia, eu apostaria que você já viu o visual do KISS. Mesmo se nunca ouviu uma música mesmo que sejamos apenas "aquela tal banda", você já viu aquele rosto em algum lugar antes. Isso é o que significa criar um ícone – um ícone cultural desafia as fronteiras dos estados, nações, idioma, classe, gosto e tradição. Se é icônico, é inevitável. Nós tornamos a pintura do nosso rosto, nossos personagens, inevitáveis.

Minhas qualificação para estar no KISS? Nenhuma. Não tenho parâmetros e nem referências. Eu tive que me inventar do zero. Toquei em algumas bandas no colegial fazendo covers. Mas antes do KISS, tinha zero experiência tocando em uma banda de rock que usava maquiagem. "Como se tornar uma estrela do rock" e "Como construir uma imagem icônica" não são matérias de nenhuma escola. E, apesar de ter escrito algumas centenas de músicas, tanto para o KISS quanto para outros artistas, não sei ler ou escrever notas em uma partitura. Eu posso tocar guitarra e baixo e um pouco de teclado e bateria, mas, como disse antes, nunca tive aulas. Minha formação em teoria musical? Nenhuma. Sou um autodidata em todos os instrumentos que toco e toco totalmente de ouvido. Eu apenas faço.

O KISS lançou o seu primeiro álbum em 1974 – bem antes de telefones celulares, computadores, MTV, Twitter e Facebook – e foi catapultado para o topo da indústria da música. Em menos de um ano e meio depois da nossa estreia, éramos a atração principal no Estádio Anaheim na Califórnia.

Produzi discos para várias outras bandas de rock e artistas. Meu currículo e minha experiência como produtor até eu decidir me tornar um? Nenhum.

Lancei minha própria gravadora, Simmons Records, originalmente em parceria com a RCA/BMG, depois com a Sanctuary Music e recentemente com a Universal Canadá. Minha experiência criando e administrando uma gravadora? Nenhuma.

Eu fui o agente da Liza Minnelli, para começar, e segui agenciando outros artistas.

Minha experiência e qualificação para ser um agente: era nenhuma.

Atuei em filmes e na TV. Nos filmes, fui um coadjuvante em *Runaway – Fora de controle* com Tom Selleck, *Wanted Dead or Alive* com Rutger Hauer, *Soberano das drogas* com George Clooney, *Operação Stargrove*, *Novo no pedaço*, *Maré de azar*, de Mike Judge, com Jason Bateman, Mila Kunis, Kristen Wiig e Ben Affleck, e recentemente terminei de filmar uma participação com Al Pacino em *Danny Collins*.

Atuei em várias séries de TV como *Third Watch – Parceiros da vida* e *Miami Vice*, da NBC, e *Betty, a feia* da ABC.

Minha formação teatral antes de fazer meu primeiro papel em um filme? Nenhuma.

Coproduzi um filme da New Line, *Detroit, a Cidade do rock*, com Barry Levine, e criei a animação *O meu pai é um roqueiro* para a Nickelodeon e *Mr. Romance* para o Oxygen. Pela Gene Simmons Company, coproduzi os programas de TV *Gene Simmons: Joias de Família*, que durou oito temporadas com um total de 167 episódios na A&E, e *A escola de rock de Gene Simmons*, que passou por duas temporadas no VH1. Ambos os programas foram vistos ao redor do mundo.

Minha formação em produzir e criar programas de TV e filmes antes de eu decidir fazê-los? Nenhuma.

Sou um sócio cofundador da Cool Springs Life. Uma entidade com uma estratégia de gerenciamento de patrimônio em vida que faz empréstimos até trezentos milhões de dólares para indivíduos de alta renda cobrando apenas a irrisória LIBOR e uma pequena taxa bancária. (LIBOR ou London Interbank Offered Rate – taxa londrina ofertada entre bancos –, é a taxa reduzida que os bancos aplicam quando movimentam grandes quantidades de dinheiro entre eles.) Meus sócios na Cool Springs Life são Sam Watson, Rich Abramson, Simon Baitler, Bill Randolph e Dave Carpenter, o ex-CEO da Transamerica, que por um tempo foi a maior seguradora do mundo.

Eu desenhei o logo da Cool Springs Life. Quando nossa empresa de relações públicas me disse que não acreditavam que os canais a cabo de notícias iriam cobrir o lançamento de uma nova entidade financeira, eu os demiti e eu mesmo liguei para CNN, Fox, MSNBC e Bloomberg para colocar meu sócio Sam Watson e a mim no ar para promovermos a empresa. Faça você mesmo.

Minha qualificação para criar uma estratégia de gerenciamento de patrimônio em vida? Nenhuma.

Sou sócio cofundador, junto com David Lucatch e Rich Abramson, da Ortsbo, a empresa criadora de um dos maiores programas de computador de tradução universal. Ajudei a desenhar o logo da Ortsbo, fiz a pesquisa de mercado (com Rich Abramson) e apareci em eventos para promovê-la.

Meu passado na indústria de alta tecnologia? Nenhum.

Cofundei a Simmons/Abramson Marketing com o meu sócio na época, Rich Abramson. Tínhamos no total um funcionário e nunca tivemos um escritório e, dessa forma, nunca pagamos aluguel. Fomos a empresa de marketing da Liga da Fórmula Indy e também das 500 Milhas de Indianápolis. Criei o slogan "Eu sou Indy" da campanha publicitária e coescrevi o hino da Indy de mesmo título com Bag, um artista que era contratado do meu selo musical Simmons Records. Forcei a Liga da Fórmula Indy a passar a se chamar apenas Fórmula Indy. Minha campanha durou vários anos e fui copiado pela Liga de Futebol Americano ("Eu sou NFL"), por entidades assistenciais ("Eu sou CARE"), por estações de rádio ("Eu sou KROQ"), por marcas de roupas ("Eu sou Wolverine") e até por fabricantes de ração para animais ("Eu sou IAMS").

Minha formação em marketing? Bem, nesse caso, teria que dizer que minha experiência com o KISS me iniciou no marketing e na divulgação de uma marca que tem me dado muito desde então. Mas não sabia nada sobre a Fórmula Indy. Apenas tinha os meus instintos e isso parecia ser tudo de que eu precisava.

Eu sabia que podia fazer qualquer coisa. As pessoas me diziam que eu não poderia porque "você é apenas um músico". Bem, eu era, até não ser mais. Todo CEO começa sem qualquer qualificação. Então eles saltam com tudo e começam a nadar. Esse é o jeito que sempre vivi. Não importa a tarefa — se você não é qualificado, qualifique-se. Se você nunca fez isso antes, então faça pela primeira vez. E depois pela segunda. Você pode fazer. Porque eu fiz.

Vários anos depois, tive a honra de conhecer Frank Stronach, um cavalheiro bem interessante que fundou a extremamente bem-sucedida empresa de peças para veículos Magna International. Hoje, me orgulho de dizer que sou sócio do Stronach Group, que é dono da maioria das grandes pistas de corrida de cavalos da América do Norte, incluindo Santa Anita Park, Gulfstream Park e Pimlico.

Não tenho nenhum cargo no Stronach Group e não poderia lhe dizer muito sobre cavalos e jóqueis. Mas eu amo corridas de cavalo.

Também notei que a corrida de cavalo muitas vezes é chamada de "o esporte dos reis". Procurei um pouco e descobri que ninguém era dono dessa frase. Então silenciosamente registrei essa marca e agora o Stronach Group é dono da frase *O Esporte dos Reis*™. Criei todo um programa de licenciamento e comercialização, incluindo logos, designs, chapéus e camisetas e fiz uma parceria com a Live Nation para montar festivais de música nas pistas do Stronach Group.

Meu conhecimento em corridas de cavalo? Você pode adivinhar. Nenhum.

Sou um dos sócios fundadores dos restaurantes Rock & Brews. Meus sócios (olhe aí a palavra de novo) são Michael Zislis, Dave Furano e Dell Furano. Ótima comida. Muitas opções de cervejas artesanais. Pizzas e cervejas sem glúten, se assim desejar. Marcas de restaurantes normalmente levam um bom tempo para entrar nos trilhos. Não a nossa. Começamos com tudo há quase dois anos e há poucos meses aparecemos na capa da *Franchise Times*.

Rock & Brews está crescendo a passos largos. Temos restaurantes em Cabo, México, Maui, Havaí, e El Segundo e Redondo Beach, Califórnia. Temos outra loja no terminal Delta do aeroporto de Los Angeles e uma abrindo em breve em Kansas City.

Curso e experiência nesse negócio? Nenhuma. Eu nem mesmo cozinho.

Publiquei minha própria revista chamada *Gene Simmons Tongue*, que durou cinco edições. Foi publicada pela Sterling/Macfadden. Meu sócio foi Allen Tuller. Hugh Hefner nos deu uma história exclusiva para a capa da primeira edição e entrevistei Richard Branson, Avi Arad da Marvel Comics e o grande Snoop Dogg (que fez a gentileza de usar uma versão invertida da minha maquiagem no KISS para a entrevista).

Minha formação como editor de revistas? Nenhuma.

A Simmons Books foi uma parceria com a Phoenix Books de Michael Viner. No geral, foi um meio para eu escrever e publicar meus próprios livros. Sempre tive interesse em histórias que ressoam até hoje e que vêm de um longo pano de fundo histórico. Como a profissão mais antiga do mundo. A história remonta do Novo Testamento com Maria Madalena, passa por Mata Hari e pelas cortesãs da Renascença europeia, pelas gueixas do Japão até as garotas de programa de Wall Street e Hollywood nos dias de hoje. Apesar das implicações que esse assunto possa ter, minha abordagem no livro foi histórica e sem juízo de valores. Se você conseguir achar um exemplar, talvez possa gostar de ler. Esteve na lista de mais vendidos do *Los Angeles Times*.

Minha experiência? Mínima. Quando tinha 14 anos, costumava autopublicar minhas próprias revistas em casa.

Escrevia, editava e produzia fanzines com o mimeógrafo, as máquinas Risograph e, eventualmente, fotocopiadoras.

Em 1999, coproduzi o filme *Detroit: A cidade do rock* para a New Line Cinema. Meus sócios foram Barry Levine e Christine Haas.

Desde 1977 eu vinha tentando fazer um filme do KISS. Quando era jovem, eu usei os Beatles como meu padrão para o que eu queria atingir. E os Beatles não gravaram apenas discos, eles fizeram filmes – bons filmes, aliás. Mas – fora uma produção amadora para TV que fizemos nos anos 1970, chamada *KISS Meets the Phantom of the Park* – produzir um filme do KISS era algo fácil de falar, mas difícil de fazer. As produtoras não conseguiam tirar do papel. Os agentes não conseguiam tirar do papel. Mas eu insisti mesmo assim. Um dia, um roteiro chamado *Detroit: A cidade do rock* – sobre quatro adolescentes que tentam ir a um show do KISS – chegou às minhas mãos através de Barry Levine (que era nosso fotógrafo, como você deve se lembrar em outra parte desse livro; Barry depois tentou fazer filmes e fez vários incluindo *Oblivion* com Tom Cruise e *Hércules* com The Rock). Logo depois, tudo estava acertado com a New Line Cinema. Escrito e dirigido por Adam Rifkin, o filme contou com a participação de quase todo mundo que conhecíamos, incluindo a Shannon. Apesar de ser um filme do KISS, nós não aparecemos até a cena final.

Entretanto, por trás de qualquer sucesso há uma infinidade de projetos abortados ou eternamente adiados. Eu tive vinte projetos de filmes em desenvolvimento até o momento, mas fracassei com a maioria deles. Tive um filme sobre o criador da Casablanca Records, Neil Bogart, na Paramount, em sociedade com a família de Bogart. Nunca foi feito, contudo, enquanto eu escrevia esse livro, ele finalmente recebeu o "sinal verde", com Justin Timberlake como Bogart. Originalmente, Mike Myers seria a estrela.

Minha formação como produtor de cinema? Nenhuma.
Minha experiência? Minúscula.
Minhas qualificações? Mínimas.

E esses são apenas dois de muitos. Não importa que falhei um milhão de outras vezes. A única razão para eu ser um sucesso em qualquer coisa foi essa mesma mentalidade – eu me jogo com tudo, qualificações e pessimistas que se danem. Você tem que acreditar em você. Eu me aprofundarei nesse ponto depois.

Envolvi-me com LA KISS, nosso time de futebol americano de quadra em Los Angeles, depois do nosso agente, Doc McGhee, e o veterano da AFL Brett Bouchy começarem a falar sobre o KISS fazer uma parceria com a AFL (Liga de Futebol Americano de Arena). Uma coisa levou a outra e logo Paul e eu recebemos uma proposta para comprar um time, junto com Doc e Brett. Agarramos a oportunidade. Doc sugeriu que chamássemos o time LA KISS. E o Paul desenhou o logo.

Já fiz por volta de cinquenta palestras pelo mundo por meio da minha marca Gene Simmons Rich & Famous Expos™. Sou dono dessa marca registrada.

O motivo de sempre ter tido o desejo de palestrar para as pessoas é que a educação que recebi nas escolas públicas não me preparou para o que a vida realmente era e, mais especificamente, para como iria pagar meu aluguel. Queria me conectar com as pessoas, dividir minhas experiências e mostrar como elas podem melhorar a vida delas imediatamente. E, em alguns casos, como alguns poucos deles podem se tornar ultrarricos. Isso já aconteceu, mais de uma vez.

Inicialmente quis que a Creative Artists Agency me agendasse em palestras e eventos, mas me foi dito que meu cachê por palestra poderia ser apenas na faixa de 15 a 20 mil dólares. Não concordei com essa avaliação, então decidi eu mesmo agendar os eventos.

Então espalhei a notícia. Não me custou um centavo, e nunca contratei uma agência de relações públicas ou um agente ou um organizador de eventos para fazer isso. Simplesmente mencionei quando dei entrevistas na TV ou no rádio e, pronto, fui convidado para o meu primeiro evento. Fizeram uma oferta, negociei e fechamos em 100 mil dólares. Desde então esse é o meu cachê mínimo.

Multiplique isso por cinquenta e verá por que profissionais nem sempre podem ajudá-lo a chegar aonde você quer ir.

De uma forma ou outra, lidar diretamente com as coisas é algo que em geral acabo fazendo. Se você quer algo bem-feito, faça você mesmo. Não inventei essa frase, mas é meu lema de vida. A primeira vez que você tenta algo sozinho, será – sem dúvida – bem difícil. Conforme você obtém sucesso e firmeza e consegue provar a si mesmo nos campos de batalhas, as pessoas confiarão na sua habilidade de vender. No meu nível, fazer você mesmo é simplesmente mais fácil. E se você está comprometido em se tornar seu próprio chefe, é preferível.

Palestras me são solicitadas por todos os lados, mas quase nunca os pedidos vêm de agências. Corporações normalmente fazem contato direto comigo. E o que faço é uma mistura de um discurso autobiográfico com uma fala que espero que seja inspiradora e motivadora. Nunca levo anotações e nunca estou preparado. Simplesmente começo a falar. Analisando a reação da plateia posso ir direcionando o conteúdo e com sorte a maioria deles "pega a ideia". "Pegar a ideia" tem a ver com uma mentalidade: a ideia de que você pode fazer quase tudo, estando no lugar certo e na hora certa para a coisa certa. E o bom e velho trabalho duro. Essa é a razão de eu não usar anotações – porque nunca usei anotações na minha carreira. Nade ou afunde, você tem que pular com tudo. Se esperar até estar pronto, como diz o ditado, esperará para sempre.

Essa é uma das razões pela qual sou eu que estou escrevendo esse livro e não uma outra pessoa. Existem professores de teatro que não sabem atuar, mas que lhe dirão o que você está fazendo errado. Existem técnicos de futebol que lhe dirão o que você está fazendo errado no jogo, mesmo que nunca tenham jogado futebol. Eu sou um híbrido. Estou na frente da câmera. E estou atrás da câmera. No palco. E nos bastidores. Trabalho com negócios e tenho um senso de estrutura de negócios. Não de todos os negócios, veja você. Ninguém tem isso.

Mas acumulei certo senso comum dos negócios, o suficiente para ser capaz de aplicá-lo – e ganhar dinheiro.

O meu propósito em recontar todas essas empreitadas é explicar que você não deve ter medo de tentar se aventurar em coisas novas. Você pode precisar de bons sócios – bons roteiristas, boas produtoras, investidores e acionários que podem preencher o que lhe faltar em conhecimento e experiência – para ajudar a fazer seu projeto decolar.

Mas não deixe o medo de falhar impedi-lo de ao menos tentar. A maioria dos chutes vão para fora, mas se você chutar o bastante, alguns entrarão no gol.

10.

Gene Simmons: Joias de Família

"A vida é o que acontece enquanto você está ocupado fazendo outros planos."

JOHN LENNON, cantor, compositor e Beatle

Gene Simmons: Joias de Família durou 167 episódios e sete temporadas no canal A&E. (*I Love Lucy*, geralmente considerado um dos maiores e mais bem-sucedidos programas de TV de todos os tempos, durou 145 episódios.) Começamos a filmar em 2006 e terminamos em 2011. Fomos vistos por todo o mundo, em 84 países. Ainda é possível nos ver em reprises por vários lugares, da África do Sul até a Bulgária.

Desde a produção do programa, Leslie Greif, o produtor executivo, se tornou muito influente na televisão. Sua minissérie *Hatfields & McCoys* recebeu três estatuetas do Emmy.

Levei para o Leslie a ideia de fazer um especial para TV que me mostraria gravando e promovendo meu disco solo. E Greif também poderia trazer uma equipe de filmagem para nossa turnê do KISS quando finalmente voltaríamos a tocar na Austrália e Nova Zelândia. Também filmamos na minha casa enquanto me preparava para lançar o disco em uma festa no Key Club, em Los Angeles.

Em casa, as câmeras acabaram filmando Sophie, Nick e Shannon. Apesar disso não estar nos planos, a produção imediatamente se apaixonou por eles. Quando minha família foi filmada, eu me tornei notícia velha.

A&E gostou do especial – intitulado *24/7*, referindo-se a minha ética de trabalho – e o especial foi tão bem recebido que o canal me procurou com a ideia de fazer um reality show, ainda que esse termo não significasse nada para mim na época. A proposta da série era ser focada nos meus projetos e na minha família. Nunca me planejei para isso e nunca teria imaginado que todos nós um dia seríamos interessantes o suficiente para atrair o público. Mas lá estava, claro como o dia.

Também nunca imaginei que o programa se tornaria um verdadeiro diário da minha família. Nossos altos e baixos. Nossos valores familiares. Apesar de eu nunca ter ido a um terapeuta, o programa acabou revelando um reflexo verdadeiro de quem eu sou. Sempre soube quem eu era, mas nunca tive que confrontar aquela pessoa antes.

Foi uma época ótima. Teve momentos engraçados. E alguns muito tristes e dolorosos. Viajamos pelo mundo. Para a Europa. América do Sul. Canadá. Viajamos para a África, onde pela primeira vez conheci as crianças para quem eu envio doações há 25 anos na Zâmbia através da organização ChildFund.

Quando o programa estava perto da sua sétima temporada, Nick e Sophie eram quase adultos e ficou claro que a Shannon finalmente entendia por completo quem eu era e quem eu tenho sido – parte por causa do programa.

Estava tudo lá, representado abertamente nas telas das televisões do mundo todo. Era embaraçoso. Eu estava envergonhado. E eu fiz por merecer.

Por muitos anos, tenho sido egoísta, arrogante e iludido a respeito de muitas coisas. Aquela mesma fé irracional em mim mesmo que me ajudou a fazer as coisas acontecerem no mundo dos negócios se tornou uma faca de dois gumes e colocou um peso na minha relação com a minha família. Me iludi com a ideia de que eu poderia fazer o que eu quisesse fora da nossa casa e da nossa família e que isso não se voltaria contra a família ou os machucaria. Fui um idiota.

Shannon estava prestes a me deixar por causa das minhas atitudes. Eu fui infiel. Estava sempre em turnês, sempre trabalhando. Shannon ficava em casa e criava as crianças. Ela levava e buscava as crianças na escola todos os dias. Tornou-se presidente da cantina da escola e negociava e supervisionava o que era servido de almoço. Na verdade ela estava lá todos os dias, servindo almoço para todas as crianças na escola, para poder acompanhar de perto Nick e Sophie. Ela ficava em cima deles todos os dias para ter certeza de que se tornariam seres humanos éticos e com moral. É um fato, Shannon criou as crianças. Eu apenas trabalhei.

Quando as coisas começaram a vazar, sentamos e conversamos sobre se queríamos ser honestos com o nosso público e nos mostrar como éramos ou se manteríamos o programa leve – a rota segura, pensamos, para manter o programa no ar. Decidimos que queríamos mostrar tudo na série, independentemente das consequências. Shannon teve falsidade o suficiente na vida dela – se ela iria ser parte de um reality show, ela queria mostrar toda a verdade e foi o que aconteceu. Meu olhar vazio. O comprometimento de Shannon com as crianças. Minha plástica. O coração partido de Shannon quando foi exposto a ela que eu tinha sido infiel por tantos anos. Mostramos minha vergonha. Mostramos dor e emoção de verdade quando Shannon desmoronou. Filmamos Shannon e eu indo à terapia de casais para tentar trabalhar meus problemas. E, por um tempo, Shannon iria me deixar. Nick e Sophie tinham vergonha e foram magoados pelo seu pai: eu.

Ficou claro para mim que eu iria perder Shannon e as crianças. E que eu precisava superar e finalmente crescer. Desde criança, talvez por meu pai nos ter deixado, me convenci que nunca casaria. E que nunca obedeceria a ninguém. Ninguém. Nem minha mãe. Nem Shannon. *Ninguém*. Eu faria o que eu quisesse e o resto do mundo que se danasse.

Se você assistir aos primeiros episódios do nosso programa, essa parte de mim estará clara lá. Escrevi livros sobre o assunto. Se você ler minhas autobiografias anteriores, meus outros livros, verá um cara diferente, com visões diferentes sobre esse assunto. Dei entrevistas sobre isso. Fui na *Oprah* e no *The View* e expus minha filosofia contra o casamento. E minhas filosofias egoístas. Todas as vezes isso ofendeu Shannon e as crianças. E eu não me importei. Estou desiludido e envergonhado em dizer que eu nunca nem pensei nisso.

Mas ficava cada vez mais claro para mim que o fim da linha já estava traçado, e que eu teria que amadurecer muito rápido ou arriscaria jogar tudo para o ar. E, por Shannon ter integridade demais para conseguir mentir para o mundo, decidimos filmar tudo. Se os tabloides queriam falar, iríamos mostrar em primeira mão.

Eu decidi fazer uma verdadeira autoanálise. O programa conseguiu um acampamento de terapia de casais. Consistia em alguns casais com problemas de verdade. A diferença é que todos eles estavam casados e estavam tentando salvar o casamento deles. Shannon e eu nunca nos casamos e estávamos tentando descobrir como salvar nosso relacionamento.

Um dos exercícios, apesar de eu não estar ciente disso quando entrei na sala, era "qual seria a última coisa que eu diria para minha amada em seu velório?". Entrei na sala, cheia com os outros casais, e lá estava Shannon, deitada em um caixão. Disseram para ir até ela, como se ela estivesse morta, e falar com ela.

Parece quase cômico, escrito assim. Mas na época foi mais do que eu podia suportar. E isso me fez realmente confrontar minhas fraquezas. Meu egoísmo. Minha arrogância. E meu coração estava partido com toda a dor e sofrimento que eu tinha causado.

Fomos para Belize. Em uma praia paradisíaca, me ajoelhei e olhei para a pessoa que tinha me aturado por 28 anos, sem nunca perguntar ou exigir nada. Em lágrimas, perguntei para a Shannon se ela consideraria casar com um homem que claramente não era merecedor do amor dela.

Shannon estava aos prantos, com certeza magoada por tudo. Ela estava confusa, mas milagrosamente disse sim.

Mas a dor e o sofrimento que eu causara a Shannon não haviam terminado. Tínhamos vivido juntos por 28 anos com um acordo de coabitação que ambos tínhamos assinado com nossos advogados. Sempre tive medo do clichê dos clichês – aquela mulher que só quer você pelo dinheiro. Por mais vergonhoso que isso possa soar, era verdade.

Antes de nos casarmos, também perguntei a Shannon se ela se importaria em assinar um acordo pré-nupcial, com cada um de nós tendo seu próprio advogado. Isso causou mais dor e sofrimento a Shannon, enquanto cada um dos advogados sussurrava nos nossos ouvidos o quanto tínhamos sacrificado e por que o outro não deveria ter o que estava pedindo. Suponho que isso seja o que seu advogado deva fazer. Mas sua amada apenas acaba se magoando ainda mais.

Quase nos separamos em mais de uma ocasião durante as negociações do acordo, mas, felizmente, afinal acabou.

Nosso casamento foi marcado, em 1º de outubro de 2011 – 28 anos e meio depois de começarmos a viver juntos.

O casamento foi no Hotel Beverly Hills.

Foi um casamento perfeito. Foi um belo dia ensolarado. Amigos e família estavam todos lá, assim como os outros membros do KISS: Paul, Tommy e Eric. Também o nosso cachorro Snippy. Ninguém vomitou. Ninguém desmaiou. Shannon escreveu seus votos e eu também. Na frente dos nossos convidados, ouvi as belas palavras de Shannon para mim. Eu ia ler meus votos, mas decidi amassar o papel e falar com o meu coração. Eu lhe disse que estava profundamente apaixonado. E que ela tinha sido o único amor verdadeiro da minha vida. E que eu tinha muito que compensar por toda a dor e sofrimento que eu causei para ela e para as crianças e que faria isso pelo resto da minha vida.

Nós nos beijamos, pela primeira vez como marido e mulher.

E a festa começou. Durou a noite toda. Contratamos uma banda com dez músicos liderada por Brenna Whitaker, que tocou rock a noite toda. O KISS subiu ao palco e tocou algumas músicas. E Nick e Sophie subiram e cantaram algumas músicas. E Shannon – que surpresa – subiu e cantou com sua voz linda.

No momento em que escrevo isso, estamos juntos há mais de trinta anos. E estamos casados por mais de um ano e meio.

Agora que as filmagens do programa pararam e tenho algum distanciamento dele, acredito que nosso programa ajudou a me confrontar comigo mesmo em todos os aspectos. Minha família. Minhas fraquezas. Nosso programa também foi o diário dos nossos filhos e da nossa família crescendo junto. Quando começamos a filmar, Nick e Sophie eram pré-adolescentes; quando encerramos, eles eram adultos. E Shannon estava mais linda que nunca. Ela ainda está.

E me orgulho de dizer que ela é minha esposa.

Dizem que reality shows destroem as famílias.

No nosso caso, *Gene Simmons: Joias de Família* me forçou a contar a verdade para a família e para mim.

Gene Simmons: Joias de Família salvou nossa família.

A lição, para os negócios e para a vida, é manter suas prioridades em mente. Se você se depara com uma situação de soma zero em uma negociação, você deve descobrir o que você simplesmente não consegue viver sem. Fui obrigado a escolher entre dois caminhos e, quando os encarei, tive que ir pelo caminho que me levava a Shannon. O mesmo acontece com os negócios: quando você pega o mundo pelo pescoço, você precisa entender por que está fazendo isso. Tem que saber por que vale a pena. E quando você encontra uma encruzilhada, você precisa ter seu olhar fixo no que é mais importante para você – não importa o que isso venha a ser. Sua decisão será óbvia se você fizer isso direito.

11.

Filantropia/Retribuição

Uma vez que você fez aquela Fortuna e se deu bem na trajetória para o sucesso, quero instigar em você uma qualidade que precisa existir – e você pode se surpreender por me ouvir endossá-la: retribuição.

Pegue seu dinheiro e crie novos empregos. Pegue seu dinheiro e invista em novos projetos que estão começando, aqueles que criam mais empregos e permitem que o capitalismo siga seu caminho sem depender de auxílios governamentais. O governo, como você deve ter adivinhado a essa altura, é bem-intencionado, mas na prática não sabe como criar empregos. E isso é porque o governo é comandado por políticos em vez de homens e mulheres de negócio. Isso é autoexplicativo.

O que foi dito acima pode sugerir que eu apoio a ideia de *caridade* da forma como você a conhece. Mas não.

Se alguém está com o aluguel vencendo e está prestes a ser jogado na rua, então sim. Empreste algum dinheiro para que ele possa se manter, procurar um emprego e poder pagar o aluguel. Note que eu disse "empreste" algum dinheiro. A razão para isso é que eu acredito que caridade faz com que a pessoa se sinta obrigada a ser grata a você. Um empréstimo, por outro lado, permite à pessoa manter um certo grau de autorrespeito. Especialmente quando e se ela consegue pagar o empréstimo de volta.

Particularmente, eu tenho algumas reservas em relação a alguns dos conceitos normalmente estabelecidos sobre caridade, apesar de eu mesmo fazer muita filantropia. Me orgulho de dizer que o sistema capitalista dos Estados Unidos me permitiu me sair bem o suficiente na vida ao ponto que eu posso retribuir com alguma coisa.

Não chamei uma coletiva de imprensa ou soltei um comunicado para anunciar ao mundo o cara bondoso que eu sou, mas talvez seja hora de fazer isso para que outros possam fazer o mesmo. É provavelmente a única coisa de que *não* me vangloriei amplamente – e com certeza eu gosto de me vangloriar sobre todo o resto.

Como mencionei antes, eu ajudo crianças, 12 mil crianças em Zimbábue, no sul da África. Inicialmente fazia isso através do ChildFund (antes conhecido como Fundo das Crianças Cristãs), e agora faço por conta própria. A maioria dessas crianças não tinha nada e na maioria dos dias dormiam famintas. Isso nunca acontecerá novamente se eu puder ajudar. Dou comida, roupas e compro livros para elas, mas *somente* se elas frequentam a escola. Na escola elas recebem refeições decentes e frescas.

Quando estive na Zâmbia filmando um episódio de *Gene Simmons: Joias de Família*, estávamos tomando café da manhã no hotel quando Shannon me apontou um jovem que ela disse que eu deveria conhecer. Brendan Clark, fiquei sabendo, tinha 27 anos e era de Perth, Austrália. Ele tinha acabado de se casar e estava com a mãe ali. Ele estava na Zâmbia em uma missão humanitária: queria fazer diferença.

Apesar de eu ter feito trabalho voluntário na África pelo ChildFund por décadas, decidi me juntar a Brendan e fazer uma caridade que melhorasse diretamente as vidas das crianças – sempre prefiro a abordagem direta e o caminho do "faça você mesmo". Paguei a faculdade de uma garota e paguei para construir a casa da família de um jovem.

Brendan e eu fundamos um programa alimentar que leva comida para mais de mil crianças da Zâmbia que estão na escola. Os alimentos são comprados frescos diariamente e transportados para as escolas. Lá são cozidos e preparados (a razão dos alimentos terem de ser transportados é que eventualmente existem bandidos que roubam os estoques se eles forem mantidos na escola à noite).

A única esperança de se escapar da pobreza é a educação. Se uma criança está disposta a frequentar a escola – e algumas vezes isso significa caminhar 16 quilômetros com os pés descalços – haverá uma refeição fresca e quente esperando por ela. Muitas vezes é a única refeição que ela comerá naquele dia. Pais também comparecem.

A expressão de felicidade de uma criança saboreando uma refeição quente nos torna mais modestos do que qualquer coisa que eu possa tentar descrever. Se isso lhe lembra um pouco daquele garoto que você conheceu no primeiro capítulo, é porque é isso mesmo. A narrativa é circular.

Também compramos algumas ambulâncias que despachamos de Perth para Zâmbia. As ambulâncias são literalmente hospitais sobre rodas. Elas vão até as pessoas que precisam em vez de supor que pessoas têm como andar quilômetros até um hospital, ou que têm dinheiro para pagar por tratamento.

A verdadeira lição de vida para mim aqui é que, apesar de eu ter muito orgulho em sonhar alto e alcançar o que eu sonho, a maior realização de todas é ser capaz de ajudar outro ser humano. Sei que isso parece como se estivesse tentando convencer você do quão bom eu sou. E normalmente gosto de falar sobre o quão bom eu sou. Mas, quer você goste de mim ou não, ou pense que sou um exibido, nem todos têm a grande sorte de nascer nos Estados Unidos e aproveitar dos benefícios que ele oferece. Sei bem disso. Crianças que vivem em países como a Zâmbia normalmente não têm nem ao menos um par de sapatos, e muitas vezes não comem nada o dia todo. A infraestrutura nesses países é primitiva e a falta de um sistema de saúde pública é chocante. Não estou me candidatando a Miss América. Não estou pedindo para você me ver como caridoso ou como uma pessoa boa e não estou tentando bombardeá-lo com clichês. Finja que não sou eu lhe dizendo isso – finja que é outra pessoa. Estou sendo sincero com você – se você tiver algum sucesso nessa vida, você não tem o direito de *não* ajudar mais alguém. Morrer com o máximo de dinheiro lhe trará um certo nível de satisfação – mas lhe será eternamente negada a plenitude da sua satisfação como *ser humano* bem-sucedido se não embarcar em projetos de caridade como esses. Seu império sujo não terá razão para se sustentar.

Durmo melhor à noite sabendo que fiz uma pequena diferença na vida das crianças.

Também sou voluntário do projeto Wounded Warrior e ajudo a levantar milhões de dólares para nossos soldados. E continuo a trabalhar em favor dos nossos homens e mulheres de farda.

Ajudei a levantar milhões para a Elizabeth Glaser Pediatric Aids Foundation. Parte o meu coração saber que uma criança nasce com uma dificuldade de que ela não teve culpa alguma. Na minha participação como convidado no game show de TV *Você é mais esperto que um aluno da quinta série?*, ganhei 500 mil dólares e doei tudo para essa fundação.

Ajudei Shannon e Sophie a levantar milhões para o Hospital SickKids, em Toronto. E Sophie começou sua própria instituição de caridade chamada Sophie's Place, em Vancouver, que trata de milhares de crianças vítimas de abuso todos os anos. Uma filial da Sophie's Place está prestes a abrir.

Há mais exemplos, mas tenho certeza de que você pegou a ideia.

No geral, faço um esforço para ajudar aqueles que não têm outra opção.

Sou a favor de dar às pessoas um senso de autodeterminação e não deixá-las com o sentimento de que devem alguma coisa a alguém. Caridade é uma coisa maravilhosa, se você puder fazê-la.

Entretanto, algumas instituições de caridade são uma areia movediça de corrupção. Gerenciar um negócio lucrativo é certo. Fingir que você está fazendo caridade quando, na verdade, você está lucrando absurdamente ao abusar da empatia das pessoas é uma coisa totalmente diferente.

Não dê o peixe. Ensine a pessoa a pescar, para que ela possa se sustentar.

O bem-estar social, na minha opinião, deveria ser baseado em tarefas simples que pagam aos beneficiados pelo trabalho que eles fazem, em vez de apenas dar dinheiro. Limpar pichações no seu bairro. Limpar as ruas da sua vizinhança. Ser um bom vizinho. Informar a polícia sobre atividades suspeitas e potencialmente criminosas. E ser pago por isso.

Donativos não.

Trabalho.

Dê dignidade a uma pessoa. Deixe-a sentir que mereceu o dinheiro que ganhou.

Todo Natal saíamos por aí comprando presentes para todos. O que é ótimo. O Natal é uma ótima época para dar, e somos abençoados por sermos capazes de fazê-lo. Compramos todos os tipos de presentes para os familiares e amigos, também para pessoas que mal conhecemos. Quantos desses presentes acabam sendo enfiados em pilhas dentro de armários e são rapidamente esquecidos?

Parei de fazer isso há quase dez anos. Agora, todo ano, envio um cartão de Natal para todos na minha lista. O cartão diz algo na linha "eu fiz uma doação em seu nome que ajudará a mudar drasticamente a vida de alguém. Por favor vá dormir essa noite sabendo que você ajudou a fazer do mundo um lugar melhor". E, sim, como você pode concluir a essa altura, faço as pessoas se sentirem culpadas e compelidas a retribuir. O desconforto social de pressionar alguém a fazer a coisa certa vale o resultado. Se alguém tão egoísta como eu sente a obrigação de fazer essas coisas, você deve fazê-las também. Não é uma escolha – é uma obrigação. Você deve retribuir.

Eu mando dinheiro para a Kiva (kiva.org) em nome de outras pessoas. A Kiva é um microbanco com um modelo muito prático e efetivo de caridade. Eles fazem empréstimos sem juros, algumas quantias tão pequenas quanto 25 dólares, para pessoas vivendo na África, no Sudeste Asiático e em outros lugares carentes. Por exemplo, um empréstimo de mil dólares para uma mãe solteira vivendo próximo ao deserto Kalahari na África significa que ela será capaz de comprar algumas vacas e cavar um poço para ter água. Do dia para a noite, o mundo dela muda. Ela pode alimentar as crianças e ganhar um pouco vendendo leite para os vizinhos. Também significa que uma pequena vila agora terá água.

Quando ela pagar o empréstimo, a Kiva emprestará aquela quantia para outra família carente. Dessa forma, é um presente que continua se repetindo.

Eu gostaria que o nosso governo funcionasse mais como a Kiva e outros microbancos.

Muitos de nós, nessa era de direitos, esperamos que o governo faça todos os tipos de coisas para a gente. Eu afirmo que deveríamos ser capazes de fazer isso por nós mesmos.

Um dos verdadeiros benefícios de fazer uma fortuna é que você pode ser um filantropo e criar novos empregos para pessoas. O problema que você definitivamente deve querer ter, como empreendedor, é decidir a quem ajudar e não quem pode nos ajudar. Trabalhe até chegar a esse ponto. E quando chegar lá, terá cumprido sua obrigação.

Antes de ter sucesso, eu tinha motivações egoístas. Queria ser bem-sucedido e ganhar montes de dinheiro. Pude comprar uma casa para minha mãe e me proporcionar um estilo de vida melhor. No geral, eu era motivado pela minha meta de me tornar bem-sucedido. Uma vez que conquistei o que as pessoas consideram "riqueza", noções humanitárias simplesmente surgiram em mim, grandes e fortes. Nem todos no mundo têm tanta sorte ou vivem em um país tão luxuoso como os Estados Unidos.

Assim, no final dos meus 20 anos, eu comecei a contribuir para caridade. E a banda também. Isso me fez sentir bem. Eu pensei naquele primeiro pacote assistencial que recebemos há tanto tempo em Israel, com pêssegos enlatados, o agasalho rasgado e o livro infantil americano com o Pernalonga. Era a minha chance de retribuir.

É claro que minha história não é a única. A maioria dos empreendedores bem-sucedidos faz doações para caridade, cria fundações, financia bolsas para estudantes e assim por diante. E o que você descobrirá, se trabalhar duro o suficiente, se estiver no lugar certo, na hora certa para a coisa certa e acabar rico, é que você também terá o desejo de retribuir.

Riqueza por si só é um casco vazio. Riqueza que inclui fazer a vida de outras pessoas melhor o recompensará até mais que a bela mansão em que você vive. Fez isso por mim. Fará isso por você. E, como aconteceu comigo, sua caridade poderá inspirar a ascensão de outro empreendedor.

Esse livro é sobre como ser bem-sucedido. Eu lhe direi que não fui verdadeiramente bem-sucedido até decidir ser também caridoso.

PARTE 2

VOCÊ

12.

Quem é você

> "Construa seus próprios sonhos ou alguém o contratará para construir os DELES."
>
> FARRAH GRAY, empresário, investidor, filantropo, autor e palestrante motivacional

Onde aprendi o que eu sei? Como me tornei quem sou? Escolas e faculdades me preparam para o mundo real? Passei pelo sistema educacional e me graduei na faculdade com um bacharelado em pedagogia artística que me qualificava para ensinar ou escrever livros. Mas tudo isso me preparou para fazer uma fortuna? Não.

E suspeito que o mesmo seja verdade para você. A menos que tenha se formado em arquitetura, engenharia ou medicina, o resto da sua formação pouco o prepara para a vida como o guerreiro e campeão dos negócios que você imagina se tornar.

Ah, você será o sucesso das festas e coquetéis com seu diploma em comunicação e artes. Será capaz de citar Kant e Kierkegaard e não há nada de errado nisso. Mas não será capaz de pagar o financiamento do seu carro ou a hipoteca da sua primeira casa com essas informações.

Em outras palavras, ensino básico, médio e os diplomas em comunicação e artes geralmente não o preparam para como ganhar a vida, muito menos para como irá fazer uma fortuna.

Você perceberá que eu continuo usando o termo *fortuna*. Isso é porque nenhum de nós (incluindo você com certeza) quer apenas ganhar dinheiro. Todos queremos fazer fortuna.

Você *pode* fazer um programa "direcionado" de educação, ou seja, estudar para ser um arquiteto ou um dentista ou um advogado. Esses diplomas certamente o ajudarão a ganhar a vida, mas eles lhe custarão muito dinheiro e tomarão muitos anos de estudo.

O que estou prestes a lhe dizer não é politicamente correto. Na verdade, pode até chocá-lo. Mas aqui vai: você não precisa de muita educação sistematizada para atingir grandes metas *e* fazer muito dinheiro.

Educação *é* importante e insisto que você tenha uma. Mas se não pode pagar uma faculdade ou uma escola técnica, é importante entender o que a palavra *empreendedor* significa.

O dicionário define *empreendedor* como "aquele que organiza, gerencia e assume os riscos de um negócio ou de uma empresa". Ser um empreendedor significa que você tem que fazer e pensar por si próprio.

É importante manter essa frase em mente: "Você tem uma obrigação fiduciária implícita consigo mesmo." Isso significa que depende de VOCÊ.

Cabe a você se educar fora da escola. Cabe a você fazer amizade com pessoas que são mais bem-sucedidas do que você. Respeitosamente, livre-se dos seus amigos que não fazem nada além de comer salgadinhos, assistir à TV e são felizes desse jeito. Eles não vão ajudá-lo. Cerque-se de pessoas que são mais bem-sucedidas do que você.

Cabe a você o que fazer com o seu tempo livre. Você fica à toa, tira férias, ou não faz nada depois do trabalho? Não faz nada nos fins de semana? Vai a jogos de futebol ou a bares com seus amigos beberrões? Livre-se desses amigos imediatamente. Eles não vão ajudá-lo.

Ou passa suas noites e seu tempo livre devotado a VOCÊ? Aos seus sonhos. A suas aspirações. A fazer uma fortuna.

Seu parceiro lhe pergunta, "o que é mais importante, eu ou a sua carreira?". Se ele ou ela lhe lançarem essa pergunta, você pode querer ser honesto e dizer: "É a minha carreira primeiro e depois você. Sem ganhar um bom sustento não posso prover a nós dois a vida que eu quero."

Se isso não for razoável para eles, você talvez deva considerar dispensar essas pessoas da sua vida. Eles podem ser a maior barreira psicológica na sua busca pela fortuna.

Desculpe, mas essa é a verdade. Você não pode ter as duas coisas opostas.

Existem livros sobre a "regra das 10 mil horas", que afirmam que a chave para se tornar um sucesso em qualquer campo é conseguir 10 mil horas de experiência naquilo onde pretende ser bem-sucedido, ou a teoria de que se precisa investir muito tempo para se tornar bom em alguma coisa. Curiosamente, os Beatles passaram 10 mil horas tocando juntos em bares na Alemanha no começo dos anos 1960 antes de começarem a gravar discos, e Bill Gates passou esse tanto de tempo programando nos computadores do seu colegial em 1968.

Você não pode dedicar quantidades iguais de tempo ao(a) seu(sua) amado(a) namorado/namorada/marido/esposa *e* a sua carreira. Se quiser ser muito bem-sucedido rapidamente, tem que escolher VOCÊ primeiro e depois os outros. Ou, como gosto de dizer, EU!!!

Seja egoísta. Comprometa-se consigo mesmo.

Lembre-se, VOCÊ primeiro.

Namorado/namorada/marido/esposa depois.

A retribuição vem depois.

Um ponto importante para lembrar: não importa o que você leu ou o que lhe disserem, não existe nenhuma dessas coisas de "as dez regras secretas para se tornar muito rico". Se fosse simples assim, todo mundo já seria rico.

A jornada que se precisa seguir para se tornar um monstro do mercado imobiliário ou transformar seu nome em uma marca, como Lefrak ou Trump, não é a mesma que um fã de histórias em quadrinhos (e eu sou um) precisa seguir para lançar sua editora (como a minha Simmons Comics) e conseguir que produtoras transformem suas criações dos quadrinhos em programas de TV e filmes.

Então o que tudo isso significa? Significa que você terá que descobrir sozinho.

Isso é o que *empreendedorismo* realmente significa.

VOCÊ faz suas próprias regras. E VOCÊ tem que se educar e aprender, seja lá o que for necessário para ter as ferramentas para sair e se tornar o guerreiro e campeão dos negócios que está dentro de você, gritando para sair.

Não ensinam isso na escola.

A razão de esse livro ser chamado *Eu, S.A.* é que EU SOU A PESSOA MAIS IMPORTANTE NA MINHA VIDA PRIVADA E EMPRESARIAL.

É isso mesmo, EU primeiro. Talvez não seja politicamente correto, mas é necessário, se você quer aumentar as chances de ser bem-sucedido.

Siga a dica da indústria aeronáutica. Se há uma turbulência no seu voo, a equipe lhe dirá para pegar a máscara de oxigênio que acabou de cair na sua frente e colocá-la no SEU rosto primeiro. Não no rosto do seu filho. Olhando superficialmente isso parece cruel, mas há um sentido pragmático, pois, se você não se ajudar *primeiro*, você não será capaz de ajudar mais ninguém. Nem seu filho, nem sua família, nem seus amigos, ninguém.

Até certo ponto o capitalismo nos Estados Unidos tem suas mãos atadas nas costas. Mas ainda há um mundo empresarial capitalista grande o suficiente que lhe dará uma chance de fazer fortuna.

Na verdade, você não pode falhar. Sim, você ouviu direito. VOCÊ NÃO PODE FALHAR.

Você tem tudo para ganhar e nada ou quase nada para perder ao se jogar com tudo no seu projeto empreendedor. Se o seu negócio fracassar, você não poderá pagar suas dívidas e segundo as leis comerciais atuais você pode declarar falência ou concordata, o que significa que, com um advogado decente, você será perdoado de todas as suas dívidas e poderá começar tudo de novo. É claro que, por ser uma pessoa ética, assim que acertar em cheio, você pagará suas dívidas de qualquer forma, mesmo que não seja obrigado por lei.

A única coisa que o impede de ser bem-sucedido pode ser VOCÊ.

Antes de seguir essa jornada, você deve ter o coração de um leão e sua autoestima precisa estar intacta. Se sua autoestima não está forte, então blefe e *finja* ser forte. Ranja seus dentes e *finja* que possui uma autoconfiança enorme. Finja até se tornar verdade.

Se alguém vier provocá-lo, não mostre fraqueza. Isso só tornará mais fácil para ele bater em você. Se mostrar uma autoconfiança enorme e esconder o medo, pode ser que, talvez, ele vire as costas. Uma pequena chance de grandiosidade é melhor do que desistir.

Na selva, se encarar um lobo que está prestes a atacá-lo, sua melhor chance de sobrevivência é ficar parado, inflar seu peito ao máximo, balançar seus braços no ar, fazer muito barulho e *sempre* olhar direto nos olhos do predador. Se fizer isso, pode sobreviver. Em outras palavras, vencerá.

O mesmo princípio se aplica às negociações, incluindo, é claro, o pedido de empréstimo e a sua proposta de crédito, assim como as suas atitudes. Quando se reunir com um banco ou um agente financeiro, e solicitar um empréstimo para o seu projeto, seja grande. Seja forte. Seja confiante (e tenha certeza de que vale a pena ser confiante sobre a sua ideia). Seja tudo que puder ser. Se isso não vier naturalmente, *finja*.

Lembre-se, não importa qual seja a sua proposta de negócio, a pessoa na qual eles estarão realmente investindo é VOCÊ.

É por isso que frequentemente há uma cláusula do homem-chave em contratos corporativos. Do que vale a Trump Enterprises sem Donald Trump? Do que vale a Virgin sem Richard Branson? Eu conheço esses dois homens e posso garantir que, mesmo se fossem completos desconhecidos, quando um deles entra em uma sala, você *ainda* para o que está fazendo para prestar atenção.

Sempre que um vendedor de aspirador de pó toca sua campainha, ele estará SE vendendo primeiro. O aspirador de pó é secundário. Tudo sempre se volta para VOCÊ e sempre se voltará.

Diga o que quer dizer. Dê sentido ao que disse. Deixe sua palavra ser sua garantia. Sua reputação o precederá. Você já ouviu isso tudo antes. A palavra mais importante aqui? Você pode adivinhar: VOCÊ!

Lembre-se, é como você se *sente* sobre suas aspirações e sonhos todos os dias que é a coisa mais importante, porque esses sentimentos guiarão suas ações.

Será o seu DESEJO de vencer, seu COMPROMETIMENTO sem fim consigo mesmo, sua filosofia de "nunca-aceitar-não-como-resposta" e sua PERSEVERANÇA que o ajudarão a vencer e a vencer muito.

É importante notar que estrelas do rock, políticos e outras pessoas com destaque, poder e riqueza não nasceram assim.

Eles tiveram que merecer.

Trabalharam para isso.

Criaram suas próprias regras.

Tiveram que se vender antes mesmo de seus produtos.

Tiveram que se educar. As aulas terminaram e a autoeducação começou quando eles saíram da escola.

E eles estavam dispostos a trabalhar duro para chegar aqui.

Você tem o que é necessário?

Deixará alguém ou alguma coisa impedi-lo de chegar aonde quer ir?

Alguma vez você disse algo como "apenas quero o suficiente para ter uma vida confortável"?

Se disse, esse livro não é para você. E você pode não ser um empreendedor.

A menos que você tenha uma sorte incrível e ganhe na loteria, você não conseguirá riqueza com a mentalidade "apenas quero o suficiente para ter uma vida confortável". Mesmo se ganhar na loteria, provavelmente não saberá o que fazer com o dinheiro e logo voltará para onde começou, como muitos ganhadores da loteria. Eles ganharam grandes fortunas e em pouco tempo foram à falência. Alguns se divorciam, deixam suas famílias e até se suicidam. Pesquise na internet se não acredita em mim.

Você tem que ter a coragem para fazer o que o exército americano incita: SEJA TUDO QUE VOCÊ PUDER SER.

Seja grande. Ou volte pra casa.

Você notará, enquanto lê esse livro, que eu repito muitas coisas. Muitas mesmo. Como se eu estivesse perdendo minha memória com a idade.

Bom.

Isso é intencional.

Você, eu e todo o resto do mundo temos a concentração de um mosquito. E isso significa que dizer ou fazer qualquer coisa uma única vez simplesmente não funciona. Nunca funcionou. Nunca funcionará.

Dizer ou fazer qualquer coisa deveria ser como o refrão de uma música de sucesso. Antes de a música terminar, você terá ouvido o refrão (a parte memorável da música) várias e várias vezes.

A repetição fará você se lembrar da música e ouvi-la na sua cabeça bem depois que ela terminar.

"Se não for bem-sucedido na primeira vez (e *não será*, acredite em mim), tente de novo e de novo."

Isso está certo.

Mesmo se for bem-sucedido, tente de novo e de novo.

Continue com isso.

Faça de novo e de novo.

Continue melhorando o que você está fazendo.

Sempre.

A ARTE DE FAZER MAIS: PRINCÍPIO #1

A AUTOCONFIANÇA É A SUA MAIOR SÓCIA NOS NEGÓCIOS

A pedra fundamental para a popularidade pode ser resumida em uma característica: autoconfiança. Não é genética, não é uma herança, nem está à venda. Mas pode ser aprendida e é 100% essencial para o sucesso. O primeiro passo, antes mesmo de fazer sua diligência prévia (como você deveria), é ter um enorme, quase insano, senso de autoconfiança.

DEIXE-ME REPETIR ISSO: *UM ENORME, QUASE INSANO, SENSO DE AUTOCONFIANÇA.*

Você deve aprender a ser capaz de parar em frente de estranhos, que não dão a mínima para você, e convencê-los de que o que você tem a oferecer é algo de que eles precisam e não podem viver sem. O que você está oferecendo é a maior coisa a que você pode ter acesso. O que você está oferecendo a eles é VOCÊ!

13.

Você – o modelo de negócios Eu, S.A.

"Qualquer um que possa pagar por uma caixa de cartões de visita pode pagar por um website. Qualquer empresa com um número 0800 pode mudar seus negócios para a internet por praticamente uma ninharia. O caso extremo do avanço corporativo é descartar todos os outros aspectos do seu negócio e vender mercadorias e serviço apenas pela internet, como a Amazon.com tem feito com livros."

NATHAN MYHRVOLD, inventor, empreendedor
e ex-chefe do setor de tecnologia da Microsoft

"Ganhar dinheiro é uma arte, trabalhar é uma arte e um bom negócio é a melhor de todas as artes."

ANDY WARHOL, inovador da pop-art, artista
visual, autor, publicitário e diretor

Qual a sua definição de "sucesso"?
Esse livro é sobre DINHEIRO. Chama-se *Eu, S.A.* porque minha atitude é a seguinte: melhor que o DINHEIRO seja MEU do que de qualquer outra pessoa.

Existe um velho lugar-comum que diz que "o dinheiro é a raiz de todos os males". A pessoa que inventou essa afirmação era, na minha opinião, totalmente desorientada e ignorante acerca de uma grande – talvez a maior – fonte de crimes no mundo. A implicação é que o dinheiro, que por natureza é algo de valor, corrompe as pessoas simplesmente por ser valioso.

Como eu disse no meu livro *Sex Money KISS*, a "falta de dinheiro é que é, na verdade, a raiz de todos os males" (depois descobri que essa frase tem sido atribuída às vezes a Mark Twain e às vezes a George Bernard Shaw). E não, eu não quero dizer "tudo" – frequentemente uso hipérboles, você terá que me desculpar por isso. Há exceções para toda regra e suspeitos de crimes do colarinho-branco de que ouvimos falar são, com certeza, indivíduos gananciosos e maldosos. Mas esse lugar-comum, "o dinheiro é a raiz de todos os males", tem um peso muito grande sobre as pessoas e é importante notar que não leva o desespero – a falta de dinheiro ou, para ser mais específico, a falta de recursos que o dinheiro provém – em consideração. Se não tenho um centavo, talvez possa roubar um pão do mercado porque estaria desesperado o suficiente para fazê-lo. Mas se eu valho 100 milhões de dólares, nunca pensaria em fazer isso. A falta de dinheiro é o motivo das pessoas praticarem assaltos. Essa é uma fonte enorme de crime e sofrimento – o desespero de não se ter meios para se alimentar. Dizer que o dinheiro é a causa disso é o mesmo que dizer que a comida é a causa da desnutrição – quando é precisamente o oposto.

Depois de se tornar bem-sucedido, dê tudo que conseguiu se assim quiser – para a sua família, para as pessoas que você ama, para caridade, o que o fizer feliz. Mas antes de ter algum dinheiro, você não pode fazer nada.

A verdade é que a falta de dinheiro é que é a raiz de tanta maldade no mundo. Trapaceiros se agarram em você por dinheiro. E eles nos dizem que o único e maior problema com os relacionamentos e os casamentos é o dinheiro, até a infidelidade vem depois.

Dinheiro me permitiu tornar a vida da minha mãe mais fácil. Dinheiro me permitiu comprar uma casa para ela. E comprar qualquer coisa que ela quisesse. Sem dinheiro, não poderia ter feito nada disso.

E para aqueles entre vocês que poderiam dizer, "ah, mas dinheiro não traz felicidade", bem, essa máxima é falsa. Se você nasceu um desgraçado infeliz, provavelmente será um pouco menos infeliz se for um desgraçado *rico* e infeliz.

Quando o Scrooge é reabilitado no final de *Um conto de Natal*, ele é capaz de realizar várias boas ações e de fazer pessoas felizes porque tem o dinheiro para fazer isso. Um Scrooge reabilitado *sem* o dinheiro não estaria em condições de ajudar ninguém.

Mas para que não divaguemos demais sobre dinheiro, quero deixar claro que é o amor ao trabalho, e não ao dinheiro, que lhe traz recompensas. Há uma grande diferença entre ir trabalhar e amar trabalhar. É importante aceitar isso no seu coração.

Ao embarcar nessa grande jornada pessoal, será preciso perseverar, e eu sugeriria que você implemente o meu Modelo de Negócios Eu, S.A.

No fim das contas, mesmo tendo uma boa educação, *ainda* cabe a você descobrir como conseguir um emprego e como ganhar muito dinheiro – que é o assunto deste livro.

A resposta é *Eu, S.A.*

VOCÊ é a empresa.

VOCÊ é quem deve abrir uma empresa de responsabilidade limitada.

VOCÊ é quem deve entender como o modelo capitalista funciona. Isso é algo que não ensinam às massas.

O futuro é aqui.

O futuro é agora.

O modelo antigo de negócio dependia de um espaço de trabalho: um prédio ou um escritório aonde todos vão para trabalhar. Estamos falando de empresas fora do ramo industrial. E não estamos nos referindo a fazendas.

O velho esquema era dispendioso. Como um dono de empresa, você tinha que alugar ou comprar um local de trabalho. Tinha que alugar ou comprar equipamento – cadeiras, mesas, computadores, arquivos –, ter espaço para estoque, estacionamento e todo tipo de coisa.

Também tinha as várias horas perdidas durante o dia de trabalho. Um trabalhador tem que chegar até o emprego. Multiplique todo aquele tempo de viagem por cinco dias por semana e 50 semanas por ano e terá muito tempo e dinheiro perdidos para cada empregado.

O novo modelo de negócios é mais simples. E se você pudesse aplicá-lo para seu empreendimento economizaria muito do dinheiro e tempo desperdiçados (sendo que tempo também custa dinheiro). Se puder, trabalhe, em casa. Economize o tempo e o dinheiro de ir e vir para o trabalho. E economize o estresse de se locomover, trabalhe da sua casa e deixe a internet fazer o resto para você.

A nova empresa digital do século XXI pode alugar um espaço por um curto período de tempo e montar seu plano de negócio; depois os trabalhadores podem ir para suas respectivas casas e implementar o projeto.

Trabalhar de casa dá ao trabalhador muito mais flexibilidade e muito mais horas úteis para realizar o trabalho. Lembre-se, em qualquer lugar duas ou quatro horas por dia são desperdiçadas indo e vindo do trabalho.

E se você pode trabalhar de casa, talvez não tire uma hora inteira para comer. Talvez pare apenas meia hora.

E você pode parar de trabalhar a qualquer momento e fazer outra coisa, desde que termine o serviço.

O modelo de trabalho do século XXI é centrado em voltar ao básico: VOCÊ é o chefe. VOCÊ faz as regras. VOCÊ, em essência, torna-se a empresa.

Mas isso também significa que VOCÊ é responsável por fazer o serviço.

Você pode não perceber isso, mas o sistema de Seguridade Social é uma forma de proteção. Você paga "prestações" (uma certa quantia de dinheiro todo mês ou ano) e mais para frente, na "maturidade", você terá acesso a esses fundos, que chegarão para você em cheques semanais. O sistema de Seguridade Social é a sua segurança caso você não possa mais trabalhar. Há formas diferentes de aposentadorias, incluindo a previdência privada e fundos de pensão. Eu insisto que você descubra o que é tudo isso. Pesquise no google. É simples. Eduque-se.

Na maioria dos casos, seu emprego descontará compulsoriamente uma certa quantia para a previdência. O que é bom, porque no geral você não faria isso. Normalmente você vive o aqui e o agora. Normalmente você gasta o que ganha. Normalmente não economiza para um dia chuvoso. Normalmente você acha que nunca envelhecerá e não terá problemas para ser capaz de se sustentar.

Normalmente.

Fazendeiros no geral são mais espertos nos seus modelos de negócio do que as massas que trabalham no sistema corporativo. E isso porque o fazendeiro depende apenas dele mesmo. Se você trabalha em uma entidade corporativa, existe sempre a empresa para pagar o seu salário. Faça chuva ou faça sol. Sempre garantido, pelo menos até a companhia ir à falência.

Voltando ao fazendeiro: ele sabe quando plantar as sementes. Sabe quanto elas custam. Sabe qual o preço dos seus produtos. E pode estimar sua margem de lucro caso tudo siga como o planejado. É claro que uma mudança climática ou uma enchente pode mudar tudo isso. Então, da forma mais real possível, para um fazendeiro é o banquete ou a fome. É por isso que ele certamente deve ter um seguro para todos os tipos de situação por que um fazendeiro pode passar.

Em um ambiente corporativo, seguro não é necessariamente a primeira coisa que você teria em mente.

Mas talvez devesse ser.

Plano de saúde. Seguro de carro. Seguro de imóvel. Todos os tipos de seguro. Todos valem a pena ser considerados. Pesquise.

Se você não quer sentar e assistir enquanto sua casa pega fogo, ou seu carro tem perda total em um acidente do qual você não teve nenhuma culpa, ou não ter um paraquedas financeiro.

Fazendeiros são mais espertos que você. Eles têm que ser.

Um fazendeiro raramente plantará apenas um tipo de colheita. Ele não pode. Se plantar apenas batatas e o preço das batatas tiver uma queda enorme no mercado, ele será destruído. Então ele planta tipos diferentes de colheitas (prepare-se para um termo dos investidores de Wall Street – "espalhe seus riscos").

Essa é a forma mais básica de *diversificação*. Simplificando, isso quer dizer nunca coloque todos os seus ovos em uma única cesta. Se você derrubar a cesta, todos os ovos quebrarão.

O mesmo modelo de negócio que o fazendeiro usa é o que é geralmente recomendado em Wall Street: espalhe os riscos. Invista em coisas diferentes. Nunca em uma apenas.

Um bom conselho para todos vocês que estão entrando no mundo corporativo.

O que você faz para viver é a única coisa que você sabe fazer? Se sim, isso não é bom. O que acontece quando essa "coisa" não for mais necessária? Qual sua trava de segurança? O que mais você pode fazer?

Fazendeiros também precisam se dar bem com seus vizinhos. É importante.

Se uma enchente destruir metade da colheita de um fazendeiro, enquanto a do seu vizinho permanece intacta, ele pode ter a esperança de contar com o vizinho para ajudá-lo.

Isso porque, da próxima vez que um tornado devastar a área, o vizinho pode ser atingido e precisar da ajuda do fazendeiro.

Então, se você é um fazendeiro, é uma boa política de negócios se dar bem com seu vizinho.

E você? Você fica no seu cubículo corporativo. Você se dá bem com as pessoas do cubículo ao lado? Ou você fala mal delas?

Lembre-se, eles podem ultrapassar você na escalada para o sucesso. Seu "vizinho" pode se tornar seu chefe.

Trabalhe bem com todo mundo.

Não feche caminhos. Não fale mal. Não fofoque. Não no local de trabalho. Não em casa.

Ache um passatempo.

Quando você compra um hambúrguer, você sabe quanto cada disco de carne custa para o McDonald's? Quanto os empregados recebem? Quanto é o aluguel do prédio? Quanto é o seguro? Quanto uma franquia do McDonald's lucra com cada hambúrguer vendido? Se você quisesse ter uma franquia do McDonald's, seria vantajoso saber tudo isso.

Você procura sócios ou usa consultores? Eu recomendo muito consultores ou empregados temporários. Se você contrata alguém, isso também significa que você pode precisar demiti-los e isso pode ser difícil. Nos Estados Unidos dos dias de hoje, sindicatos ainda podem fazer greve e fechar sua empresa.

Em casa, *você* é o seu chefe. É sua casa, então se convida alguém para a sua casa, eles têm permissão para ficar. Se decidir que se cansou dos seus convidados, pode pedir para saírem. E eles têm que ir. Afinal, é a *sua* casa.

Mas se você tem um negócio – que é, no fim das contas, a "morada do seu trabalho" e algo pelo qual você pagou – você *convida* alguém para vir trabalhar para você. Mas nos negócios, é bem difícil pedir para eles partirem. Eu acho isso impressionante.

Existe também a ideia de que o empregador tem a obrigação de se certificar que você sairá de férias um mês por ano e *ainda* será pago integralmente e que se você fizer hora extra o empregador, terá que lhe pagar o dobro e algumas vezes o triplo por hora.

O empregador também tem que pagar o seu plano de saúde e sua licença-maternidade...

Se você quer construir um negócio usando o *velho* modelo de negócios – isto é, lidar com montes de empregados, sindicatos etc. – os obstáculos são quase intransponíveis. Em vez disso, você pode trabalhar com consultores, que são pagos pelo trabalho que fazem e podem ser demitidos ou dispensados a qualquer momento sem razão alguma. Ou monte seu negócio com um acordo de trabalho – onde os sindicatos não têm espaço e onde você tem a permissão de negociar os salários e direitos sem interferência.

Se você está lendo esse livro, há uma escolha que você precisa fazer. Você pode decidir que apenas quer trabalhar para viver: retirar seu pagamento todos os meses e ter um sindicato que o proteja (e proteja o seu plano de saúde, férias remuneradas etc.) do seu empregador malvado.

Ou pode decidir se tornar um empreendedor. VOCÊ se tornará uma corporação. VOCÊ se tornará seu chefe. VOCÊ decidirá ganhar um bom dinheiro. Para fazer isso, você não pode e nem deve construir seu projeto com o modelo antigo de negócios.

Lembre-se, se você está construindo um negócio, você será a última pessoa que será paga (isso *se* tiver algum lucro). Os trabalhadores sempre recebem primeiro. E seu plano de saúde, plano de previdência e outros custos também são pagos primeiro. Prédios, escritórios, aluguel, seguro, equipamentos – todas essas coisas custam muito dinheiro e *você* é quem pagará por tudo.

Se, depois de todo esse dinheiro sair, restar algum lucro, você ainda terá que pagar impostos para o governo. Nos Estados Unidos, a taxa de 50% sobre o total entra em cena quando se ganham aproximadamente 250 mil dólares ou mais. Então você acabará com *metade* daqueles preciosos dólares – *depois* de todos e tudo receberem primeiro – algo em torno de 125 mil dólares.

Não é um grande incentivo para começar uma empresa, não é?

É por isso que eu quero reforçar a ideia do EU como uma empresa.

Tenha um instinto assassino. Eu ainda tenho. E eu não preciso. Eu poderia, sem dúvida, sustentar-me sem muito esforço a essa altura. Minhas contas estão pagas. Eu não tenho que escrever esse livro ou estar em uma banda de rock ou ser sócio de todas as empresas que mencionei.

Por que eu faço isso?

Porque eu sou um campeão. Eu me orgulho não apenas do que conquistei, mas do que sonho em conquistar.

Recuso sentar-me de braços cruzados o dia todo falando do passado.

Isso é para os fracos.

Sou uma pessoa do hoje e do amanhã.

O passado é maravilhoso, mas é o passado. A única coisa que conta é o aqui e agora e o amanhã.

Você é como eu?

Se for, então está aumentando incrivelmente as suas chances de ser um orgulhoso membro da mentalidade do Eu, S.A.

VOCÊ primeiro.

Todo o resto em segundo.

A ARTE DE FAZER MAIS: PRINCÍPIO # 2

PAGUE SUAS DÍVIDAS, FAÇA O TRABALHO

É um bom exercício, antes de tomar uma grande decisão na vida sobre o que quer fazer para ganhar dinheiro, pôr suas mãos em tudo que está por aí. Saia e mergulhe. Até onde eu sei, é muito mais corajoso tentar ser um desbravador e esperar que os outros o alcancem. Se a vida lhe dá uma oportunidade – e somos abençoados de viver nos Estados Unidos, a terra da oportunidade – não há desculpas. Você simplesmente não pode falhar. Para iniciar um negócio, você pode usar seu próprio dinheiro ou pode pegar emprestado e falhar e, mesmo se você falhar e não puder pagar sua dívida, o governo permite que você declare falência ou concordata. E então você começa de novo. Você não pode falhar. Uma vez que tenha todas as oportunidades que o universo tem a oferecer, não há desculpas. Nenhuma.

14.

Exemplos de vida

"Seu tempo é precioso, então não o desperdice vivendo a vida de outra pessoa."

STEVE JOBS, inovador, inventor e pioneiro da computação pessoal, cofundador e CEO da Apple, cofundador dos Estúdios Pixar e desenvolvedor do iMac, iTunes, iPod, iPhone e iPad

Eu lhe recomendaria assistir ao filme *Jobs*, estrelando Ashton Kutcher, caso não tenha tempo para ler sua biografia. A história de Steve Jobs, sua visão incansável de começar uma nova empresa de computação, é cheia de lições para o empreendedor moderno. Há lições nesse filme em que você precisa prestar atenção.

O filme é sobre um garoto na faculdade que não sabia o que queria fazer da sua vida. Ele estava entediado. Com tudo. Ele não lidava bem com regras ou padrões sociais. (Nota: não estou recomendando esse estilo de vida.) Ele saía com muitas mulheres, mas não se comprometia com nenhuma. Usava drogas e ficava sempre chapado. Propriedade e status social não o inspiravam, nem instigavam sua imaginação. Uma rotina oito-horas-por-dia simplesmente não lhe interessava. Ele não tinha direção. Não tinha inspiração. Era vazio.

Mas uma noção básica fundamental estava nele, como o filme deixa claro: ele não queria trabalhar para ninguém.

Soa como você?

Um dia, a fagulha acende. E Steve Jobs é possuído. Não sabe ao certo o que é a inspiração ou como vai persegui-la. Ele tem certeza de uma coisa: tem a ver com tecnologia e computadores.

O que Steve Jobs e a Apple, a empresa de computadores que ele cofundou, têm a ver com você e as suas aspirações em começar sua própria empresa?

Bastante, na verdade.

Chama-se modelo de negócio. Uma *filosofia de negócio*.

Steve Jobs não era muito bom na escola. Na verdade, ele abandonou os estudos. A escola o entediava. Ele não era um gênio da tecnologia. Sua habilidade com pessoas era péssima. Era arrogante. Ele realmente abandonou e nunca visitou a criança que teve com sua namorada. Perturbava as pessoas. Demitia seus amigos. Quase nunca elogiava os outros. Era egoísta. Alguns o consideravam insano ou megalomaníaco. Quando seus amigos e colegas apontavam suas fraquezas, ele simplesmente não se importava com a avaliação de ninguém.

Mas era incansável.

Nada nem ninguém o impediriam de alcançar seus objetivos.

Essa última frase, com algumas variações, é algo repetido em vários pontos desse livro. Vale a pena repetir, porque é importante, e é importante que você se lembre o tempo todo.

Agora, não estou dizendo que você deva replicar todos os traços e características de Steve Jobs. Eu espero que possamos ser empreendedores bem-sucedidos e ainda tratar outras pessoas com gentileza e respeito.

Mas é importante notar o que Jobs fez certo. E lembrar que, antes de começar, ele não tinha *nenhuma* experiência em negócios. Era *completamente desqualificado* para começar uma empresa. Na verdade, praticamente não tinha experiência alguma de trabalho.

Mas o *modelo de negócios* dele era sólido. Ele o fez certo. Assim como Steve Wozniak, que foi quem de fato inventou a tecnologia fundamental do Macintosh e com quem Jobs fundou a Apple Computer.

Jobs não criou a tecnologia ou projetou os sistemas que se tornariam a Apple. Mas foi Jobs quem criou a *indústria* que se tornaria a Apple. E foi Jobs quem inventou o nome e a marca da Apple. Ele não tinha certeza do que a tecnologia seria e não sabia exatamente o que estava procurando. Em uma cena no filme, ele vira para sua equipe e diz: "Dê-me algo novo. Dê-me algo que todo mundo pode usar. Dê-me algo que seja uma paixão sua."

Difícil chamar isso de direcionamento técnico específico. E, ainda assim, foi exatamente o que sua equipe fez. E continua a fazer.

Jobs tinha uma visão forte e articulada do que queria e usou isso para criar o modelo de negócio da Apple. Minimizou a exposição financeira (em outras palavras, gastava o mínimo possível) trabalhando na garagem dos seus pais. E pronto, nascia a Apple Computer. Apple não tinha que pagar aluguel, não tinha estacionamento, nem seguro. Jobs deu ações da hipotética nova empresa para alguns membros da sua equipe inicial e gastou pouco ou nenhum dinheiro.

Steve Jobs foi até um varejista – uma loja de computadores – e convenceu o proprietário a comprar 50 computadores que sua equipe iria construir. Também negociou para conseguir um preço maior pelos computadores e para aumentar a quantidade do pedido. Essa venda inicial começou a Apple Computer. Entretanto, Jobs e a Apple não receberiam até entregarem os computadores para a loja.

Assim, Jobs procurou por investidores. Ele foi dispensado repetidas vezes, mas não aceitou um não como resposta. Anote isso. Ele continuou procurando por um investidor que providenciasse o capital inicial até que encontrou um. Um ex-sócio da Intel estava procurando por uma nova empresa. A oferta de capital do sujeito da Intel se transformou em uma negociação e Jobs continuou nela até o sujeito quadruplicar seu investimento na nova empresa chamada Apple. O restante é história.

A escalada para o sucesso de Jobs foi difícil e tortuosa. E será assim para você também. Apesar de Jobs ter a ideia, fundar a empresa e ser o líder da sua equipe, a empresa que ele fundou o demitiu alguns anos depois.

Depois de ser demitido pela Apple, Jobs voltou para estaca zero e montou uma nova equipe. Defendendo o mesmo modelo/filosofia de negócios, logo ascendeu de volta ao topo com NeXT e depois Pixar. Ele sempre disse que ser demitido foi a melhor coisa que podia ter lhe acontecido, porque ele atingia o máximo da sua criatividade começando do zero.

Enquanto isso, a Apple passou por um período difícil e apenas se estabilizou adquirindo a NeXT, o que permitiu que Jobs voltasse como CEO da empresa que ele fundou.

Crie sua empresa. Controle sua empresa.

Jobs foi um líder. E você precisa ser isso para ser bem-sucedido como empreendedor. Jobs não era querido entre muitas pessoas, e é justo dizer que ele era temido por muita gente. Quem o amava era leal a ele e ao seu "culto a Apple". Quem o odiava teve que se sentar no banco de reservas e assistir a ele transformar o projeto da garagem dos seus pais em um império financeiro global.

Jobs achou o investimento inicial para a empresa dele. Você terá que fazer o mesmo para fazer sua empresa sair do papel. Jobs montou uma equipe para implementar a visão dele. E você terá que montar uma equipe para implementar a sua. Jobs demitia qualquer um que não concordasse com a sua visão. Você pode ter que fazer o mesmo. Jobs demitia seus amigos sem pensar duas vezes. Você consegue? Jobs não deixava nada nem ninguém impedi-lo de perseguir sua visão. Você consegue?

Diga o que quiser sobre Steve Jobs*, mas seu sobrenome definiu o que ele fez.

Ele *criou* empregos. Ele *inventou* a si próprio.

Novamente, não estou sugerindo que você deva ser arrogante ou egoísta ou um canalha como Steve Jobs pode ter sido. Certamente não estou dizendo que você de-

---

* *Job* em inglês significa trabalho (N. do T.).

veria abandonar seu filho e se concentrar apenas nos seus negócios.

O que *estou* dizendo é que qualquer coisa ou qualquer pessoa que desvie o seu tempo e a sua atenção da sua busca pelo sucesso é algo que você não precisa enquanto persegue o sucesso. E isso inclui família, crianças e outros relacionamentos. Pelo menos enquanto você é jovem e está começando.

Talvez você não deva se casar ou ter um filho por muito tempo. Talvez você não deva perder seu tempo com seus amigos jogando conversa fora. Talvez você deva se encontrar com pessoas que são mais brilhantes e têm mais sucesso que você.

Cabe a você.

Quando se está começando, todo momento disponível, incluindo os fins de semana, deveriam ser gastos lançando sua empresa. Não deixe nada nem ninguém impedi-lo de se comprometer com VOCÊ.

É isso aí: não pare para descansar.

Não tire férias.

Persiga algo que o faça obstinado e apaixonado ao ponto de nunca sentir a necessidade de férias. Negócio é vida, e sua vida é o seu negócio.

Mantenha seu compromisso com VOCÊ e apenas com VOCÊ. E faça isso até ser bem-sucedido. Você pode decidir quando chegar lá.

Então, uma vez que você se deu bem – o que pode acontecer aos seus 20 anos ou pode não acontecer até você estar na meia-idade –, poderá começar a pensar sobre família e amor e crianças e hipotecas e financiamento de carro e seguros etc. Mas são sacrifícios a se fazer, e alguns sacrifícios não são iguais para todas as pessoas – mais especificamente são diferentes entre homens e mulheres. Falarei mais sobre isso depois.

Há um velho ditado: "Se a montanha não vai a Maomé, Maomé vai à montanha."

Na prática, isso significa que a oportunidade não virá até você. Não baterá na sua porta. *Você* deve criar a oportunidade (isto é, a coisa certa, no lugar certo, na hora certa). *Você* tem que estar pronto para isso, para que, se ou quando vier, possa aproveitar ao máximo.

Isso também significa que a mamãe e o papai não estarão lá para limpar seu nariz, alimentá-lo e criar seu projeto de sucesso, a menos que a sua família já seja extremamente rica e eles lhe entreguem os negócios da família. E, até nesse caso, a menos que você esteja qualificado e pronto para assumi-lo, você pode muito bem levar o negócio da família à falência. Alguém pode abrir uma porta para você. Você ainda terá que atravessá-la sem tropeçar e cumprimentar o que está do outro lado, sozinho.

Isso significa que o governo não vai (e não deveria mesmo) cortar todos os *t*'s e pôr os pingos em todos os *i*'s para você. Vivendo na Era dos Direitos, talvez esperemos que o governo garanta que tenhamos saúde e felicidade. Mas no mundo real, empreendedores cuidam de si mesmos.

Falando de responsabilidade pessoal, você pode se interessar por ler sobre Ayn Rand. Ela é uma piada, algumas vezes, em certos meios de comunicação. Mas ela tem um ponto de vista bem peculiar que podemos guardar de coração acerca da responsabilidade individual de fazer o bem. Na opinião dela, se alguém vive nos Estados Unidos ou em outro país livre que lhe dê tanto oportunidade quanto livre-arbítrio, ele tem tudo que precisa e o restante depende só dele.

Ela é de origem russo-judaica do começo do século XX, e viveu a aniquilação dos judeus cossacos e sobreviveu por pouco ao caos da revolução comunista russa. Veio para os Estados Unidos sem ser capaz de falar uma palavra em inglês e prometeu a si mesma que não dependeria do governo para nada. Uma vez que os Estados Unidos lhe deram as mesmas oportunidades que os nativos e a liberdade de se expressar da forma que achasse melhor, ela prometeu a si mesma que seria eternamente grata e se tornaria autossuficiente.

Rand se opunha à ideia da política do bem-estar social, e essa é uma forma suave de resumir. Acreditava que ele tira das pessoas o incentivo de se esforçar por si próprias para sair das favelas em que estão. Acreditava que é responsabilidade do indivíduo se educar e achar um emprego e se nenhum emprego estivesse disponível onde eles vivem, então que se mudassem para lugares onde *estão* disponíveis. Na verdade, ela acreditava que era responsabilidade da pessoa consigo mesma fazer isso. Esse princípio é conhecido no mundo dos negócios como ter uma "responsabilidade fiduciária implícita consigo mesmo" – você já ouviu essa frase antes nesse livro e a ouvirá de novo.

Ayn Rand é controversa e, mesmo que você concorde ou não com suas filosofias, acho seguro dizer que quanto menos você depender do governo e quanto mais autossuficiente for, melhor você estará.

A ARTE DE FAZER MAIS: PRINCÍPIO # 3

APRENDA COM OS MESTRES

Sou um leitor ávido. Devoro informações e adoro história. E, curiosamente, livros de história estão cheios de informações que podem lhe dar uma enorme visão de como o capitalismo funciona. Sim, eu li *Civilização*, *An Empire of Their Own* e *Money*. Mas, por si só, esses não são os tipos de livros que as pessoas tendem a lembrar quando estão tentando achar os "Segredos do Sucesso".

Assim que aprendi que a Bíblia de Gutenberg abriu as comportas literárias para as grandes massas, e especialmente quando eu entrei na minha primeira biblioteca pública, fiquei ciente de que, pela primeira vez desde a origem do homem, as massas tinham acesso às mesmas informações que os ricos tinham. De graça.

E, agora, com a internet, todo o conhecimento da humanidade também está disponível instantaneamente onde quer que estejamos.

Suponho que possa apontar-lhe alguns empreendedores que chegaram ao topo da escada do sucesso ou outros livros inspiradores sobre a natureza do empreendedorismo. Mas isso é muito simplório. E seria um desserviço. Porque não há atalho. Toda a informação que você precisa para ampliar seus poderes como empreendedor não está em um único lugar. Não está em um único livro – nem mesmo nesse. E nem em uma única pessoa. Não importa o quão bem-sucedida ela seja. E isso me inclui.

Minha jornada é só minha. Eu descobri como sair do meu labirinto. Isso pode não se aplicar à jornada que você terá para chegar ao seu sucesso. Mas não significa que você não possa aprender nada com o sucesso dos outros.

Quais são seus exemplos de vida? Seus ídolos? Com quem você pode aprender? Siga todos os passos deles nos noticiários. Veja suas decisões e como eles conduzem a vida. Leia seus livros, aprenda com a experiência deles, pense como aplicar isso na sua vida e nas suas metas.

Pegue o *Wall Street Journal* todos os dias e leia. Leia sobre as vidas e carreiras de pessoas como Bill Gates, Mark Zuckerberg, Warren Buffett e outros, para ver o que você pode aprender. Seja lá o que fizer, apenas leia.

15.

Férias, feriados e outras perdas de tempo

> "Se você vive para os fins de semana
> – ou para as férias –, você está quebrado."
> GARY VAYNERCHUK, empreendedor especialista em
> *branding*, mídias sociais e varejo, nascido na Rússia

O capitalismo tornou possível a todos nós aproveitarmos os privilégios que antes eram reservados apenas aos ricos. Temos igual acesso a toda informação que a humanidade acumulou em toda sua existência. E, por causa dos maravilhosos avanços da Revolução Industrial, agora temos muito tempo livre que em outras épocas seria preenchido com tarefas inferiores. Tecnologia, se usada de forma apropriada, pode libertar seu dia de forma significativa.

Se somos afortunados o bastante e temos um emprego, normalmente trabalhamos cinco dias por semana e temos dois dias de descanso nos fins de semana. Algumas vezes temos até finais de semana de três dias. A maioria de nós que está empregada tem um mês por ano de férias remuneradas. Também temos todos os tipos de feriados. Recebemos durante as licenças-saúde. E mulheres recebem durante sua licença-maternidade.

Se você somar tudo isso, a maioria passa relativamente pouco tempo trabalhando ou focando em nossas carreiras. Podemos até ter mais tempo livre do que dias de trabalho.

Nos séculos anteriores, os dias de trabalho normalmente duravam dez ou 12 horas e frequentemente existiam seis ou sete desses dias assim em uma semana de trabalho. Os salários eram de poucos dólares por semana. Férias eram apenas para os ricos.

E aqui está você, com muito tempo livre nas suas mãos. E certamente se acostumou com isso. E talvez espere por isso.

Enquanto você crescia, seus pais podem ter lhe dado uma vida bem confortável. Assim como o sistema escolar. Você provavelmente foi para a escola das sete horas da manhã até à uma da tarde. Tirando a lição de casa, o resto do dia era seu, para usar como lhe agradasse. Se ficasse doente, podia ficar em casa e mesmo assim receberia comida.

Nada disso o preparou para o que a vida realmente é.

Logo após se formar na escola, pode ser que você faça a dura descoberta de que não tem a menor ideia de como ou onde conseguir um emprego. Provavelmente não tem ideia de como vai ganhar a vida, muito menos fazer sua fortuna. Por assim dizer, você não sabe como o capitalismo funciona. Você pode não saber muito sobre economia, mas certamente ainda precisará entender o básico do modelo de negócios se pretende se tornar um empreendedor de sucesso.

Isso significa que você terá que pensar por si próprio e que terá que se educar. E que tudo isso será SUA responsabilidade.

Então vou ser o seu sargento. Vamos dar uma olhada no modelo militar por um momento.

Digamos que você tenha 18 anos ou mais e se aliste no exército. No quartel você conhecerá o seu sargento. A pessoa que o fará passar por um inferno. A pessoa que irá fazê-lo marchar por 46 quilômetros. A pessoa que o acordará às cinco horas e garantirá que você não tenha nenhuma folga.

Você não irá gostar do seu sargento. Mas ele também é a pessoa que se certificará que você estará pronto para a batalha, e as lições que você aprender com ele podem acabar salvando sua vida.

Então o cara que você mais odeia é na verdade seu melhor amigo. Porque você *precisa* de um capataz. Porque sem ele, você não se esforçará. Ele tem que forçar você a *ser tudo que você pode ser*.

Você aprenderá sobre responsabilidade, aprenderá a natureza do trabalho em grupo e, quando tiver terminado, estará na melhor forma da sua vida. Com tudo o que precisa para funcionar no mundo real.

Quando era criança, você pode ter recebido uma "mesada" ou um dinheiro para despesas, mas no mundo real, no mundo adulto, você não recebe uma "mesada". Você não recebe dinheiro por não fazer nada. Na vida, se você não trabalha, não ganha dinheiro.

Acostume-se com isso.

NÃO TIRE FÉRIAS.

Não há motivos para você tirar férias se você é jovem. Você pode definir o que é ser jovem para você. Comece aos 18 e vá até seus 30 anos.

Eu nunca tirei férias. Considero trabalhar um privilégio, não um direito de nascença ou meio para um fim. Você realmente não tem um direito divino de ter um emprego ou de trabalhar. Se puder ganhar um dólar, então agradeça por ter a oportunidade de trabalhar por isso.

Existem muitos países no mundo onde você *não* teria *oportunidades*, independentemente da sua ética de trabalho.

Nos Estados Unidos, onde existe todo tipo de oportunidade que se possa imaginar, não há desculpas para ficar à toa.

Isso vale para todos.

Digamos que você é um dos sortudos. Tem um emprego. E tem aspirações empreendedoras. Mantenha seu emprego. Pague suas contas. Passe o resto do seu tempo livre trabalhando na sua carreira. No emprego dos seus sonhos. No seu apaixonante projeto empresarial.

Vamos dar uma olhada no seu tempo livre, excetuando o emprego com que você atualmente paga as suas contas.

De cada semana trabalhada, você ganha dois dias livres. Multiplique isso por 52 semanas e você terá 104 dias por ano em que não está trabalhando para construir sua carreira. Some mais o mês de férias, que são mais 30 dias fazendo nada. Você tem também os feriados.

Para mim é assim que se soletra "perdedor".

Você pode e deve usar *todo* o tempo que tem para evoluir. Eduque-se. Sonhe grande. E *faça* algo grande.

Não saia do seu emprego e trabalhe no seu tempo livre.

Faça algo todos os dias para avançar sua carreira.

Garotas, vocês ainda terão noites livres para pôr seu vestidinho preto e ir para boates. Garotos, vocês ainda podem ir ao jogo, mas não desperdicem todo o seu dia fazendo *nada*. E mesmo essas coisas podem ser negócios – ter boas relações é um negócio. Lançar suas ideias para as pessoas é um negócio. Fazer contatos é um negócio.

Se você está em casa de folga, não desperdice seu dia na frente da sua TV como um pedaço de argila.

Trabalhe. Planeje. Faça contatos.

Livre-se dos amigos que querem que você passe seu dia todo com eles fazendo nada. Eles não são seus amigos. Eles são seus inimigos. Seus amigos devem torcer pelos seus interesses empresariais. Seus amigos não deveriam sugar todo o seu tempo valioso. Como vampiros, esses amigos o deixarão sem vida.

Quanto mais duro trabalhar, mais sorte vai ter.

Faça hora extra – para você.

Empreendedores fazem seus próprios horários e trabalham o ano todo sem parar. Mesmo depois de atingirem suas metas e mesmo depois de estarem extremamente ricos.

A ARTE DE FAZER MAIS: PRINCÍPIO # 4

ESTEJA SEMPRE CRESCENDO

Para mim, uma vida bem-sucedida na sua forma mais básica gira em torno da busca por MAIS. Isso significa realmente ir atrás de MAIS das coisas que o levarão para a felicidade, o sucesso e, sim, o dinheiro. Mas isso não significa fazer a mesma coisa de novo e de novo até o ponto da exaustão ou da gulodice. É sobre procurar todas as oportunidades disponíveis para você, considerar todas suas opções com carinho e executá-las com eficácia e sempre visando melhorar a si mesmo no processo. Não "construa uma marca" se não estiver completamente ciente da fundação primeiro.

16.
Prioridades / Pratique o que você prega

"De longe, o maior prêmio que a vida oferece é a chance de trabalhar muito e se dedicar a algo que valha a pena."

THEODORE ROOSEVELT, militar, historiador, aventureiro, conservador e 26º presidente dos Estados Unidos

Normalmente não me interesso em bisbilhotar a vida privada das pessoas, mesmo quando estou lhes dando conselho sobre a vida e os negócios.

Contudo, existem algumas escolhas pessoais que, falando de forma generalizada, simplesmente não o ajudam.

Gastar sem prudência, por exemplo, não ajuda ninguém. Nem os milionários.

Viva com bem menos do que você pode.

Ainda faço isso.

Para tornar ainda mais pessoal – tente se manter "careta", isso é, sem drogas, sem bebidas. Você simplesmente não vencerá se não se mantiver careta. De verdade. Não há nada nas drogas ou na bebida que o torne maior, mais esperto ou o faça correr mais rápido. Além disso, custa uma fortuna alimentar seu vício. E você pode ser demitido quando descobrirem que é um perdedor. E pode acabar na cadeia. E perderá seu dinheiro. Sua namorada não ficará impressionada com você vomitando nos sapatos novos dela enquanto balbucia bobagens poéticas que têm significado só para você.

Se beber o suficiente, seu membro dado por Deus nem funcionará e no próximo dia você se sentirá como se tivesse sido atropelado por um caminhão. Você pode nem se lembrar do que fez, onde estava ou com quem estava. Moral da história: se você se viciar em drogas ou álcool, estará perdido.

Eu nunca fiquei intencionalmente chapado ou bêbado, exceto na cadeira do dentista. Eu tenho usado meu tempo para outras coisas.

Além disso, não fume. Você vai feder como um cinzeiro e estará jogando roleta-russa com o câncer. Se perder, morrerá de forma lenta e miserável.

Tudo isso porque você quis parecer *cool*. É uma perda de tempo.

É claro que na lateral do maço de cigarros é dito algo como: "ei idiota, essa porcaria pode lhe dar câncer ou alguma outra doença." Em alguns lugares, maços de cigarros têm *fotos* do que o câncer realmente faz com fumantes.

Na maioria dos espaços públicos dos Estados Unidos, fumar não é mais permitido. Se você é um fumante, acaba parecendo um viciado, chupando seus pirulitos de câncer do lado de fora do seu local de trabalho ou do lado de fora de bares, boates e restaurantes.

Existiu de verdade por um tempo uma marca de cigarros chamada Death cigarettes, "cigarros da morte". Surpreendentemente, foi um sucesso.

Se você escolhe se tornar um fumante, você é um idiota, e podem faltar-lhe a disciplina e a inteligência para se tornar um empreendedor bem-sucedido. Por outro lado, se tiver força de vontade para reconhecer seu erro e largar seu vício, então talvez você possa ter o que é preciso.

Além da saúde pessoal, a saúde dos seus planos de negócios é suprema. Um plano de negócios sadio e um plano de vida sadio são aqueles nos quais você sempre tem um plano reserva – em outras palavras, um meio de continuar pagando suas contas.

Digamos que você é um mecânico e tem grandes sonhos de abrir sua própria rede de oficinas com sua marca registrada por todo o país. Excelente.

Enquanto está trabalhando na oficina para pagar suas contas, qual é seu plano reserva para o caso da oficina falir ou você perder seu emprego?

Tenha algo que você possa fazer para pagar as contas. Imediatamente.

Mantenha seu emprego e pague suas contas enquanto está fazendo seus planos para tornar seus grandes sonhos realidade.

Você deveria ir para a faculdade? Na verdade, isso realmente depende das suas aspirações profissionais.

Se você quer se tornar um médico ou um advogado ou outro profissional de alta qualidade, então você precisa frequentar uma instituição de ensino superior. Na verdade, você terá que frequentar o curso de medicina ou de direito por até 12 anos para merecer seu diploma ou diplomas.

Por outro lado, se você é um empreendedor e não tem exatamente certeza do que quer fazer, mas sonha alto, insistiria para que você mergulhasse com tudo, assim que terminasse o ensino médio. Nade ou afunde. Você aprenderá muito.

Enquanto tira seus sonhos empreendedores do chão, é preciso limitar sua exposição financeira. Em outras palavras, evite gastos desnecessários e economize seu dinheiro.

Eu continuarei insistindo nisso no livro.

Você precisa comer, mas você realmente não precisa comer filé mignon todas as noites ou comprar garrafas de champanhe de milhares de dólares. Você precisa de roupas que lhe deem uma aparência respeitável, mas não precisa de uma tonelada de roupas da moda que você nunca usará e que ficarão só penduradas lá no seu armário.

Não compre uma casa. Não enquanto está apenas começando.

Viva na casa dos seus pais se for preciso e até que você possa se mudar para uma cidade (chegarei a esse ponto em breve). Viver no seu lar sempre é mais barato e você fará refeições caseiras também. Mas não seja um vagabundo. Colabore com as despesas da casa. Compre alimentos. Mas limite sua exposição financeira. Traduzindo: economize no aluguel enquanto investe no seu futuro. Eu sei, não é *cool* viver com os pais. Tente pagar o seu aluguel sendo *cool*.

Se você conhece uma garota de que gosta muito e precisa de um pouco de privacidade, alugue um quarto de hotel por uma noite. Faça disso algo romântico. Encha o quarto de música. Esbanje com chocolates e rosas. Quando terminar, saia do quarto de hotel e continue, sem precisar pagar aluguel ou hipoteca.

Economize o dinheiro.

Não compre um imóvel até ficar mais velho. Eu não comprei. O primeiro imóvel que comprei foi uma cobertura na Quinta Avenida em Nova York, com vista para o Central Park. Eu tinha 38 anos e já estava com meio caminho andado para a fortuna – não compraria uma casa se já não estivesse no meu rumo. Até aquele momento, eu aluguei. Meu aluguel mensal por boa parte dos anos 1970 (até 1979?) era duzentos dólares.

Alugar significa que você pode pegar suas coisas e ir embora sem grandes riscos financeiros. E se não puder pagar o aluguel ou perder seu emprego, pode se mudar para um apartamento mais barato até se recuperar e voltar a construir sua fortuna.

Não compre uma casa até ter acumulado quatro vezes o valor da casa no seu patrimônio líquido. Se você vale um milhão incluindo os impostos, vá e compre uma casa de 250 mil dólares. E tente minimizar a duração da sua hipoteca. Você também será capaz de deduzir taxas mensais de hipoteca e antecipar a "perda de valor" da casa e outros problemas legais. (Para todos esses fins, insisto que você procure os conselhos de um advogado – existe um juridiquês que você precisa estar pronto para traduzir, infelizmente. Mas, novamente, cabe a você se educar. Não cabe a mais ninguém tornar tudo fácil.)

Não compre um carro. Certamente não um novo. Você pode nem precisar de um carro. Use o transporte público se puder. Se precisar muito, compre um carro de segunda mão. Mas pague em dinheiro, não pegue um empréstimo. Compre um carro usado por locadoras de veículos por algo entre mil e três mil dólares. Se você tem o dinheiro, pague em dinheiro. Se não tem o dinheiro, não compre.

Comprar um carro novo, mesmo um modelo econômico, quando você está com vinte e poucos anos e não tem um emprego que paga bem, não faz sentido. Mesmo se o carro custar vinte mil dólares, vários anos depois, quando tiver terminado de pagar seu financiamento, ele terá custado na realidade cinquenta mil dólares ou mais. E já descontados os impostos. O que significa que você terá que ganhar ainda mais. E também existe o seguro. E a manutenção. E se seu carro for roubado?

Economize o dinheiro.

Quer impressionar uma garota com quem você vai ter um encontro? Alugue um bom carro. Gastar algumas centenas de dólares é preferível a se prender a uma dívida de dezenas de milhares de dólares.

Se realmente quiser ostentar, alugue uma limusine por uma noite. Custará algumas centenas de dólares. Você pode bancar. E uma limusine a impressionará mais que seu carro novo de vinte mil dólares. Você não precisará achar um lugar para estacionar e terá um motorista. E ele os buscará e levará. E, quando o encontro acabar, os custos do financiamento, da manutenção e do seguro não são problema seu.

Eu não tive uma namorada de verdade até ter 29 anos, apesar de ter tido várias "amigas". Também não tive muitos dos custos que vêm junto com ter uma namorada. Sem presentes de Natal. Sem despesas de viagem, nada.

Vivi na casa da minha mãe até ter 24 anos. Eu ajudava com o aluguel e as despesas, mas tinha muito pouca exposição financeira.

Se não tem o dinheiro disponível, não compre. Você provavelmente não precisará e pode viver muito bem sem.

De mais a mais, essas são escolhas pessoais. Não estou aqui para dizer como viver sua vida – exceto que, de uma certa forma, estou. Sua vida, de várias maneiras, é o seu negócio – e estou aqui para dizer como se tornar bem-sucedido nos negócios. A lista acima de pequenas mudanças na sua vida privada, eu garanto, ajudará a chegar aonde você quer ir.

Então você economizou algum dinheiro, viveu na casa dos seus pais e não esbanjou com um carro novo. Você se graduou no curso básico de Prioridades. E agora? Se você vive nos subúrbios ou longe de uma grande cidade, é hora de se mudar para onde os cachorros grandes brincam. É fato que você aumentará substancialmente suas chances de chegar ao topo em uma cidade grande.

Se você não vive em uma cidade grande, mude-se para uma.

Ponto final.

Existem mais oportunidades de emprego em uma cidade grande do que em uma cidade pequena. Uma cidade pequena pode virar uma cidade fantasma do dia para a noite quando a siderúrgica vai à falência, se a cidade depende dessa indústria como principal fonte de empregos. E lanchonetes, lojas de roupas, supermercados, todos dependem dos trabalhadores terem dinheiro para gastar com suas necessidades. Assim, se a siderúrgica fecha, o resto da cidade cai como peças de dominó.

Cidades grandes têm mais pessoas. Milhões delas. Dessa forma, há mais dinheiro. Cidades grandes têm mais oportunidades de emprego. Muito mais. Empregos como prestador de serviço para milhões de habitantes. Empregos na construção de grandes prédios. É quase infinito.

Por exemplo, em cidades grandes você pode ter um carrinho para vender cachorros-quentes na rua por pouco dinheiro. Você pode se sustentar de forma decente vendendo cachorros-quentes para pessoas famintas que passam durante a hora do almoço ou no caminho de casa. Você não precisará ir à escola para vender cachorros-quentes. Não precisará pagar pela faculdade. Não precisará de uma equipe de funcionários; será apenas você, então você não terá que pagar mais ninguém. Não terá que pagar hora extra ou férias para os trabalhadores e não terá que lidar com sindicatos.

Isso não significa que você se tornará extremamente rico com um carrinho de cachorros-quentes. Mas, em uma cidade grande, você pode sobreviver bem fazendo isso. E uma cidade grande tem mais pessoas, o que significa mais clientes.

Cidades grandes quase garantem que você pelo menos terá um emprego. Pode não ser o emprego que você quer e talvez não seja o emprego que o lançará às suas metas de empreendedorismo, mas pelo menos você será capaz de pagar o aluguel. E enquanto trabalha nesse emprego inferior, com sorte você terá a liberdade e o tempo livre para dedicar todas as suas energias às suas metas de empreendedorismo.

No futuro próximo, cidades pequenas podem se tornar uma coisa do passado. Ou talvez se tornem lugares idílicos para os ricos passarem as férias, simplesmente porque as cidades pequenas não comportam nem garantem empregos.

E cidades grandes cada vez mais estão crescendo para além de suas fronteiras, de tal maneira que estão se tornando megacidades. Los Angeles agora quase toca Long Beach, que quase toca San Diego. A população dessas áreas metropolitanas é na casa das dezenas de milhões e dessa forma as oportunidades de emprego são infinitas. Com uma grande população, se tornam lugares perfeitos para lançar seu empreendimento.

Sim, eu sei que Detroit foi à falência. E por mais que seja difícil de imaginar nos dias de hoje, Nova York esteve à beira da falência no meio dos anos 1970. Mas se ler os jornais, especialmente os cadernos de negócio – e você deveria, mesmo que não entenda a maior parte deles –

você pode ficar convencido, como eu estou, de que Detroit está dando a volta por cima. E Nova York voltou com tudo em um período relativamente curto. Mas se uma cidade pequena se torna insolvente ou falida, todos se mudam e ela se torna uma cidade fantasma.

Fomos ensinados a acreditar que as cidades pequenas são mais seguras – sem gangues, drogas ou violência. E que minhas chances de proteger minha família e mantê-la segura são muito melhores lá, certo?

Errado. O *U.S. News & World Report* recentemente soltou uma matéria sobre um estudo da Universidade da Pensilvânia que desbanca o mito de que as cidades pequenas são mais seguras que as maiores. Consta na pesquisa que o índice de morte por violência de todos os tipos em cidades pequenas é mais de 20% mais alto que nas maiores.

Difícil de acreditar, mas é verdade.

Todos ouvimos as mesmas histórias. Cidades grandes têm as maiores taxas de homicídios. Bem, isso é verdade e não é. Aqui está a realidade invisível.

Prepare-se para essa: o estudo diz que o risco geral de ser morto por uma arma é o *mesmo* em cidades pequenas e grandes!

E se você é uma criança ou tem mais de 45 anos e vive em uma cidade pequena, você na verdade tem um risco maior de morrer em uma situação envolvendo uma arma do que em uma cidade grande, segundo o estudo.

Para ser justo, em cidades grandes, se você é afrodescendente ou latino e está na faixa dos 21 aos 44 anos e especialmente se vive em um setor economicamente baixo, normalmente chamado de "gueto", mortes relacionadas a armas são maiores.

Não é segredo. Nos guetos há uma disparada no uso de drogas e há gangues violentas nas ruas. Mais mortes por habitante ocorrem lá do que em qualquer outro lugar em uma cidade grande. Não é politicamente correto apontar esse fato, porque algumas pessoas podem se ofender.

Mas é verdade. E nós todos sabemos disso. Por que essas condições existem ou como elas podem ser sanadas é uma questão para outro livro de outro autor. Estou aqui apenas apontando os fatos para você, para que o seu processo de decisão fique mais claro para você e seu futuro.

Se você se machucar ou levar um tiro em uma cidade grande e precisar de cuidados emergenciais, hospitais estão a alguns minutos de onde você está.

Hospitais de cidades pequenas, quando eles existem, geralmente não estão perto de ninguém. A equipe de emergência de uma cidade pequena não é (por favor, perdoem-me) do mesmo nível que aquelas dos hospitais das cidades grandes. Há também frequentemente uma falta de pessoal.

Quando chefes de Estado precisam de tratamentos hospitalares, eles vão para hospitais das cidades grandes porque querem o melhor tratamento. Cidades pequenas, infelizmente, não têm o mesmo nível de tratamento de emergência encontrado nos hospitais metropolitanos.

Os melhores médicos e cirurgiões também recebem mais nas cidades grandes e são atraídos para lá porque existem mais pacientes em potencial e equipamentos mais modernos.

Desculpe. Essa é a verdade.

Você pode estar se perguntando: o que toda essa conversa sobre saúde e segurança tem a ver com um livro sobre sucesso no empreendedorismo?

É porque esses são fatores que precisam ser levados em consideração. Saúde e segurança se relacionam com a preservação da vida e a vida é negócio. Saúde, crime e tudo mais relacionado a sua vida contribuem para suas chances de sucesso. Quanto mais obstáculos existirem na sua jornada, mais difícil será chegar aonde você quer chegar. Crime diminui suas chances de sucesso. Você pode ser ferido, morto ou roubado. Serviços ruins de saúde/hospitais precários diminuem suas chances de sucesso.

O mesmo vale para sua saúde.

Sua segurança.

Suas oportunidades de emprego.

Mude-se para uma cidade grande.

A ARTE DE FAZER MAIS: PRINCÍPIO # 5

LOCALIZAÇÃO, LOCALIZAÇÃO, LOCALIZAÇÃO

A tecnologia nos proveu com a habilidade de nos conectarmos com as pessoas e fazer negócios de qualquer lugar do mundo, via celulares, Skype, e-mail e internet. Mas não há substituto para o (verdadeiro) cara a cara e gastar (de fato) as solas dos sapatos. Uma vez que você construiu um negócio de sucesso, você pode fazer reuniões por satélite de um iate se assim desejar, contudo os monstros de maior sucesso estão constantemente com a mão na massa nos seus respectivos negócios.

Até você alcançar esse ponto, eu sugiro que faça tudo que puder para estar o mais perto de uma cidade quanto for factível e mantenha um orçamento tão baixo quanto possível.

17.

Solteiro ou casado? Carreira ou família?

> "O único lugar onde Sucesso vem antes
> de Trabalho é no dicionário."
>
> VIDAL SASSOON, cabeleireiro, magnata dos cosméticos e filantropo

Como aconselhei em outro lugar nesse livro, você não deveria deixar nada nem ninguém ficar no seu caminho na estrada para o sucesso.

Primeiro torne-se bem-sucedido. Depois se preocupe com todo o resto.

É por isso que eu preciso abordar os assuntos casamento e família a essa altura. Já entrei nesse mérito antes, mas ele precisa de ênfase.

Carreira ou família? Geralmente, você não pode ter os dois.

Escolha um. Escolha com sabedoria.

Se ele ou ela demandam muito do seu tempo e se isso impede a sua busca pelas oportunidades que deseja, você terá uma decisão de vida a tomar. Isso pode significar ter que dizer: "Nesse momento, minha carreira é a coisa mais importante da minha vida."

Senhoritas! Não deixem homens diminuírem vocês. Ou demandar mais atenção do que estão dispostas a dar, se isso atrapalhar as metas para sua carreira.

Eu digo: carreira primeiro, relacionamentos depois.

Note que eu disse relacionamentos, no plural. Você é jovem. Não atingiu as metas da sua carreira e não fez uma fortuna ainda. Dessa forma, você não tem filhos, não é casado ou casada e não comprou uma casa ou um carro. Certo? Eu *sabia* que você era esperto.

O velho conceito de família é difícil para aquele que batalha pelo sustento do lar. O pai ou a mãe saem para trabalhar pela manhã e as crianças normalmente não os veem até tarde da noite. Nós sobrevivemos, mas foi difícil e, por haver uma família demandando mais do nosso tempo, não surgiram oportunidades para tentar algo mais ou se arriscar.

Quanto mais tempo você gasta com a família, menos tempo terá para se devotar a sua carreira e menos chances terá de ser bem-sucedido nela.

Por outro lado, quanto mais tempo você gasta com a sua família, mais feliz você será. Talvez. Mas você pode não ser muito feliz se seus sonhos não se realizarem ou se uma oportunidade importante passar direto por você porque gastou o seu tempo lavando os pratos das receitas secretas de família no Dia de Ação de Graças na casa da sua tia. Na verdade, sua incapacidade de realizar os seus sonhos pode levá-lo à destruição da sua família – pessoas muitas vezes se ressentem de seus parceiros. Se você escolher a família em vez do seu sonho, pode acabar perdendo os dois.

Além das questões do coração, casamento custa dinheiro. Muito dinheiro. Casamento – e o divórcio, que muitas vezes o acompanha – será a maior exposição financeira que você terá na vida.

Também será o maior compromisso financeiro que você fará.

Eu insisto na cautela extrema. Tanto para o homem quanto para a mulher.

Seja prudente. Casamento é cheio de fracassos. As estatísticas não estão ao seu favor. E caso o divórcio aconteça, o casal que uma vez se amou e jurou que estaria junto até que a morte os separasse, na riqueza e na pobreza, nos bons e maus momentos, é o mesmo casal que tentará magoar um ao outro e lutará pelo dinheiro e até pelas crianças quando chegar o momento da separação.

Mas estamos nos antecipando aqui. Você pelo menos pode bancar um casamento?

Eu vou falar de novo, caso você esteja pulando partes desse livro.

Desculpe-me por falar francamente, mas precisa ser dito, porque você, homem ou mulher, precisa entrar em um casamento com os olhos abertos e sabendo de todos os fatos.

Se você é um homem nos seus vinte ou trinta e poucos anos e não fez sua fortuna ainda, eu insistiria que não se casasse. Não ainda. Você provavelmente não será capaz de bancar muitas coisas, além de si mesmo.

Também, vamos ser sinceros – você provavelmente não é maduro o suficiente para se comprometer de verdade com um relacionamento nesse ponto da sua vida. Eu sou um homem. Eu sei.

Lembre-se, por questões legais, tenho que insistir que essa é apenas minha opinião. Você é livre para fazer como quiser. Estou apenas colocando os fatos como eu os vejo na sua frente. O que fazer com eles cabe a você.

Se você, o homem, tivesse casado aos seus vinte ou trinta e poucos, é quase certo que não seria capaz de sustentar a sua esposa e/ou as crianças. E isso se você apenas *continuar* casado.

As estatísticas mostram que nos divórcios o homem – se ele é a principal fonte de renda – normalmente pagará até 50% de tudo o que ele tem – valor bruto, antes dos impostos – para sua ex-mulher. Isso significa que, na faixa mais alta de imposto, ele terá que ganhar *o dobro disso* para recuperar seu dinheiro.

Não case até estar maduro e seguro. Se você não tem dinheiro e carreira, assumir a responsabilidade de sustentar um parceiro – e crianças e hipotecas e financiamento de carros e impostos – não faz sentido financeiro algum. Pode fazê-lo FELIZ. Mas você estará feliz e FALIDO e muitas vezes DIVORCIADO e então terá que pagar ainda mais. Há uma hierarquia de necessidades – se alimentar vem antes da autorrealização e do amor.

Quer você fique solteiro ou se case, o mais importante é *ter um plano de negócios*.

Se escolher se casar, os dois precisam assinar um acordo pré-nupcial que delineará como seus bens serão divididos no caso de um divórcio – com cada um de vocês recebendo conselhos de seu próprio advogado, para que tenha valor nos tribunais. Sem um acordo, quando o divórcio chegar, advogados sussurrarão em seu ouvido o quão canalha ou vadia o outro era e os ânimos esquentam e os custos sobem.

Melhor esperar construir uma fortuna para que você possa *bancar* o casamento e o divórcio.

A única garantia que você tem de nunca se divorciar é nunca se casar.

Casamento depois.

Primeiro, uma carreira de sucesso.

Anotem isso, crianças.

E agora, uma lição da minha vida pessoal. Senhoritas, a menos que o amor oblitere toda a lógica, não casem com quem vocês amam quando ele tem 20 ou 30 anos. Ele a deixará na mão. Ele é imaturo. Ele pode parecer um homem, mas – e acredite em mim, falo com experiência própria aqui – nessa idade somos por dentro apenas garotos com desejos sexuais. Não somos maduros como vocês. Não temos o desejo de criar filhos. Apenas temos testosterona. E muita.

Senhoritas, se precisarem se casar, casem com um homem mais maduro. São duas as vantagens: um estilo de vida seguro e financeiramente confortável, o que pode significar para você mais liberdade para perseguir suas próprias aspirações empreendedoras, e um homem mais maduro que *pode* estar emocionalmente pronto para casar e sossegar. Note que eu disse "pode". E outra, se você se divorciar de um homem de posses, você não terá que voltar para o proletariado – você será capaz de assumir mais riscos com as suas metas empreendedoras. Ao contrário dos padrões sociais antiquados, o conforto de casar com alguém de posses não é um jeito de relaxar – é um jeito de dar um impulso na sua carreira –, se as coisas derem errado.

Eu repito: homens, em especial, não casem antes de terem avanços significativos em direção a sua fortuna.

Minha história?

Fiquei solteiro a maior parte da minha vida, sem um namoro estável. Não tive despesas com presentes, viagens e outros custos que vêm junto com um relacionamento.

Minha primeira "namorada" de verdade foi a Cher, em 1978, quando eu estava com quase 30 anos. Cher foi e é uma grande mulher. Eu morei com ela em sua casa em Los Angeles. Depois de um ano, Cher decidiu mudar-se para Malibu Colony, perto da praia. Nessa época eu estava ocupado trabalhando no meu primeiro disco solo. Cher, com todo o direito, me pediu para dividir as despesas com ela e fiquei feliz em fazer isso. Eu ainda tinha minha cobertura na Quinta Avenida em Manhattan, pela qual eu pagava oitocentos dólares por mês. Eu também não tinha um carro. Tinha bem poucas obrigações financeiras. Nem com bancos. Nem com amigos. Nem com ninguém. E isso depois do KISS ser um sucesso. Por favor, guarde esse exemplo no seu coração – não é porque você tem o suficiente para jogar pela janela que precisa fazê-lo.

Mais para frente, eu tive a felicidade de ter um relacionamento com Diana Ross. Diana não era apenas uma figura icônica para seus fãs no mundo todo, mas também uma mãe maravilhosa para seus filhos. Algumas vezes eu ficava com ela e outras ficava no meu apartamento em Nova York. Ficamos juntos por dois anos incríveis. Da mesma forma que com a Cher, um não sustentou os gastos do outro. Éramos independentes, autossuficientes. E se você consegue isso, e se algo arrasador – como o amor – não obliterar seus planos de negócio, você deve ser autossuficiente.

Em 25 de agosto de 1984, em um evento chamado Sonho de uma Noite de Verão na mansão da *Playboy* em Los Angeles, eu conheci e fiquei imediatamente encantado com Shannon Tweed. Tenho certeza de que você pode imaginar que tipo de festa era essa.

Eu fiquei abalado como nunca tinha ficado por uma mulher. Ela era mais madura. Mais pé no chão. Mais sintonizada com o que a vida realmente é. E, em pouco tempo, Shannon e eu começamos a viver juntos. Primeiro ela se mudou para meu apartamento em Nova York. Depois eu me mudei para o dela em Los Angeles, onde ela dividia o aluguel com sua irmã Tracy e a colega de quarto delas, Ruben.

Mesmo que eu sentisse que Shannon seria "a única", eu fui cuidadoso. Sempre fui cuidadoso. Questões do coração podem tomar sua vida.

Depois de vivermos juntos por quase dois anos e ter um acordo de coabitação, eu decidi comprar uma casa.

O primeiro passo foi vender meu apartamento em Nova York. O mercado estava bom e eu fui capaz de vendê-lo com um bom lucro.

Eu tinha dois anos para usar aquele ganho sem impostos, era assim a lei tributária na época, e então decidi com calma como, quando e onde eu usaria essa vantagem tributária.

A cada dia ficava mais claro para mim que eu estava perdidamente apaixonado por Shannon, então decidi comprar uma casa em Los Angeles.

Em 1985, procurei e finalmente encontrei uma propriedade de 8 mil metros quadrados em Beverly Hills, com uma mansão e uma casa de hóspedes. Paguei em dinheiro, contrariando o conselho dos meus agentes. Eu podia bancar. Era bem abaixo dos meus ganhos e do meu padrão de vida, mas eu não gostava de dever dinheiro para ninguém – mesmo com as vantagens de deduções tributárias na transação e os custos de depreciação. Mas volto a isso depois.

Shannon e eu vivemos juntos por 28 anos, sem nunca termos casado. Eu pagava todas as contas. Shannon criava as crianças. Eu pensava que nunca iria querer casar. Isso era o que eu havia me convencido quando era jovem.

Provavelmente tem a ver com os fracassos do meu pai como homem de negócios, pai e marido. Eu decidi cedo que eu seria bem-sucedido onde meu pai fracassou.

Infelizmente isso também criou a armadura grossa que me cobria. A armadura que me impedia de ser generoso, carinhoso e aberto para ser amado. Não queria ser magoado da forma que tinha sido magoado, da forma que minha mãe foi magoada.

Assim, tive que fazer minha jornada pessoal para me conectar com os assuntos do coração, enquanto cuidadosamente mantinha meu modelo de negócio intacto.

E agora sou casado e feliz com minha amada Shannon Tweed Simmons.

Enquanto escrevo isso, Shannon e eu estamos juntos há 31 anos, mas somos casados há apenas dois.

Falando com franqueza, ela me aguentou por todos aqueles anos e esperou que eu encontrasse algo parecido com maturidade. Levou uma eternidade. Eu era arrogante e egoísta e autocentrado. E me envergonho da falta de respeito que eu tive com ela, especialmente porque ela é o único e verdadeiro amor da minha vida.

Estou com quase 64 anos e fui solteiro até os 62. "Will you still need me when I'm sixty four",* com certeza.

Isso tudo é um território já familiar, abordado no capítulo sobre a nossa série. Mas meu ponto aqui é esse: eu achei a parceira certa, que eu sabia que estava comigo pelas razões certas.

O verdadeiro motivo pelo qual eu nunca me casei é que eu tinha medo. Tinha medo de comprometimento. Tinha medo das repercussões financeiras.

E todas as estatísticas dizem que eu estava certo de ter medo, mesmo que eu também tivesse medo da minha própria falta de ética. Dizem que é quase sempre o homem que causa o divórcio. Ou ele arruína sua família ou ele não está comprometido o suficiente com o casamento para fazê-lo funcionar. Não queria me casar, eu pensava, porque existia um enorme campo minado financei-

---

* Verso da canção "When I'm Sixty-Four", de Lennon e Mccartney. Em livre tradução, "Você ainda precisará de mim quando eu tiver 64 anos." (N. do P.O.)

ro que eu teria que atravessar. Isso seria verdade – se eu não tivesse achado a parceira certa, que por vários anos mostrou suas intenções comigo. Levou muito tempo até perceber que ela não era um risco para minha fortuna. Ela deixou isso muito claro.

Eu era instruído o suficiente para estar ciente das leis de comunhão de bens e coabitação em vários estados, e eu sabia sobre acordos pré-nupciais e outras manobras legais. Eu estava bem ciente de que o santo matrimônio era potencialmente a maior exposição financeira que eu teria na vida.

Se eu casasse sem um acordo pré-nupcial, poderia perder metade de tudo o que eu tinha – e isso sem descontar os impostos, valor bruto.

Não é romântico, eu sei, mas eu tinha medo.

Entrei no nosso casamento com os olhos e o coração abertos.

E eu podia *bancar* o casamento. Fico feliz em dizer.

Mas isso não me impediu de também ter um acordo pré-nupcial. Eles não são a invenção mais romântica da nossa sociedade. Mas os vejo como reforços positivos das obrigações de cada um com a relação. Melhor discutir tudo às claras quando você está apaixonado do que quando e se a relação infelizmente acabar. É chamada Declaração de Bens completa antes dos fatos. Eu insistiria que todos os casais que estão pensando em se casar façam o acordo pré-nupcial. Até a mais apaixonada, mais confiável e mais honesta das relações pode ter um final amargo e cabe a mim limitar minha exposição financeira nessa sociedade litigiosa em que vivemos.

Você tem que fazer o mesmo. Ache um(a) parceiro(a)/sócio(a) – essa palavra de novo – que seja *merecedor(a) de confiança*. E tenha certeza de que você pode se dar ao luxo de confiar nele(a), em todos os sentidos dessa palavra.

Eu não poderia ter achado uma parceira melhor. Mas eu tive muita, muita sorte. Tenha cuidado por aí.

A ARTE DE FAZER MAIS: PRINCÍPIO # 6

ACHE PARCEIROS QUE COMPLEMENTEM VOCÊ

Pessoas que tentam fazer tudo sozinhas estão fadadas a projetos pequenos, limitados. Ninguém cria um negócio de sucesso sozinho. Você precisa de pessoas trazendo novas ideias e ajudando-o a se expandir. Você não pode fazer tudo sozinho. Você não sabe tudo e existem apenas 24 horas em um dia.

É claro, esteja certo de que confia nos parceiros que você tem. Mas, mais importante, confie no seu julgamento sobre pessoas. Seus instintos o levarão longe nos negócios. Antes de se associar com alguém, passe algum tempo conversando com outros que o conhecem. Eu tenho uma equipe de advogados para investigá-los. Eu os vejo em ação, sei como administram suas vidas, como tratam seus empregados. Nos negócios, isso é chamado de *diligência prévia*.

Você precisa fazer uma diligência prévia ao decidir com quem trabalhará, em termos de personalidade e credibilidade e confiabilidade, não importa em qual nível.

18.

Ideias estúpidas brilhantes / Projetando o modelo de negócios certo para você

> "Escolha um trabalho que você ama e nunca mais terá que trabalhar na vida."
>
> ANÔNIMO, frequentemente atribuída por engano a Confúcio

Existem muitas ideias realmente estúpidas que acabam se tornando brilhantes se você puder implementá-las.

Se eu tivesse lhe dito no começo dos anos 1970 que eu tinha um plano de vender água engarrafada para as pessoas, mesmo que a água já fosse gratuita e que você pudesse conseguir o quanto quisesse simplesmente abrindo a torneira, você provavelmente teria rido.

É provável que, da mesma forma, você não se impressionasse se eu lhe dissesse que queria que as pessoas pagassem caro por Pedras de Estimação, mesmo que você possa andar em qualquer rua, se abaixar e pegar uma pedra e começar a tratá-la como um animal de estimação sem pagar um centavo.

E, ainda assim, uma dessas ideias que parecem estúpidas tornou seu criador milionário e a outra fundou uma indústria que gera 12 bilhões de dólares anualmente apenas nos Estados Unidos.

Existem muitos negócios de um sucesso imenso que começaram com ideias estúpidas.

A Amazon começou vendendo livros online em uma época em que poucas pessoas usavam cartões de crédito na internet.

A Craigslist era gratuita e tinha um visual ruim.

O Twitter tinha menos recursos que o Facebook e limitava seu número de caracteres.

Nenhuma dessas ideias no começo soava como um modelo para um negócio de sucesso. Na verdade, elas soavam como uma loucura, algo tão impraticável como, digamos, começar uma banda de rock usando mais maquiagem e saltos mais altos que sua mãe.

Sua ideia não tem que ser original. Na verdade, frequentemente é melhor que não seja.

Mas sua ideia não tem valor algum a menos que você descubra como implementá-la, como *fazê-la acontecer*.

Isso muitas vezes significa que você terá que criar um protótipo (em outras palavras, fazer um exemplar para demonstração). O que também significa que você precisa achar o dinheiro para fazer isso acontecer. E juntar sua equipe. E descobrir para quem vender seu produto ou projeto.

Há também várias questões que você precisa responder.

Você mesmo fabricará o produto?

Você mesmo levantará o dinheiro para fabricá-lo?

Lançará uma campanha local, e uma vez que tiver algum sucesso, você vai até uma empresa maior vender todo ou parte do seu projeto?

VOCÊ descobre.

VOCÊ tem que pesquisar.

E VOCÊ tem que fazer tudo isso por conta própria. Assim como Bill Gates, Steve Jobs, Richard Branson e Mark Zuckerberg tiveram que fazer.

Mesmo que exista alguma verdade no velho ditado que diz que ideias existem aos montes, se você puder implementar sua ideia e fazê-la acontecer, então a ideia ganha braços e pernas e se torna *real*.

A implementação é mais importante que a ideia em si.

Vou fazer uma experiência para você enquanto sento aqui e digito meu próprio manuscrito.

Prometo que escreverei abaixo algo com o qual eu sonharei acordado e me vem à minha cabeça agora – sem edição. Aqui vai:

Aqui está uma ideia que acabou de me aparecer: BEBÊ 101. Hmmmm. Eu não sei o que isso significa imediatamente, mas eu gosto do som disso. É o nome de uma marca registrada? Deixe-me checar. Não, não é.

Ok, acabei de dizer para meu advogado registrá-la.

Por mais estúpido e simples que isso possa parecer, é assim que muitas vezes as coisas começam. Existe um instinto de algo que parece "estabelecido" ou "vendável". Existe esse sentido intangível que algumas pessoas têm de que algo vai "pegar" ou que será um "bom" nome para vários projetos. A pessoa que surgiu com a ideia de "Amazon", por exemplo, pode ter pensado em um rio de livros, mas o título é elástico o suficiente para ser usado para tudo ou para qualquer coisa na Terra – tudo de A a Z. (Não por acaso, essa expressão está incorporada com uma seta apontando de A a Z no logo. Repare nisso.)

Uma vez que registrei minha marca, terei que mostrar que a tenho usado em outros estados, para garanti-la no contexto das leis interestaduais de comércio. Então eu mesmo estou fazendo uma camiseta BEBÊ 101™ e a venderei para alguém que eu conheço em Nova York por dez dólares. E pronto, iniciei os negócios! Talvez eu faça o logo para BEBÊ 101 enquanto estou aqui.

Então o que é BEBÊ 101™? Bem, pode ser o que eu disser que é.

Que tal isso? É um programa de TV para jovens mães e seus bebês.

Todos temos que sentar no banco do motorista para aprender a dirigir. Depois fazemos a prova e, se passarmos, receberemos uma carteira de motorista.

Mas não há uma escola para ser mãe. Não há um curso nas escolas públicas que ensinem os jovens sobre as alegrias e armadilhas de ter filhos quando se é muito novo. E quando o evento abençoado acontece e ela dá à luz um bebê feliz e saudável, o que acontece?

O que um bebê come? Quantas vezes por dia? Onde compro leite em pó? Roupas? Quando um bebê dorme? Por quanto tempo? Ele tem que ficar em silêncio? Ou devo colocar uma música? Que tipo? Se o bebê está chorando, o que isso significa? O bebê não pode falar e a mãe não entende os sons que ele faz.

Então o programa de TV diário BEBÊ 101™ – você notará que estou usando ™ bem ao lado do título, o que significa que é uma marca registrada nos Estados Unidos – seria um momento para as novas e futuras mães aprenderem lições sobre a maternidade. E se eu sou *dono* da marca registrada e um dos produtores executivos do programa, isso abre um caminhão de possibilidades para produtos relacionados. É claro, terei que achar um produtor que de fato *faça* o programa, uma vez que eu não quero e não sei fazer isso.

O caminho que usei para conseguir parceiros de produção foi relativamente fácil. No final ou no começo da maioria dos programas de TV há o crédito da empresa que o produziu. Eu anotei essa informação, ou simplesmente pesquisei no google qual produtora fez qual programa. Então eu liguei e marquei uma reunião com o dono da produtora. Agora, eu garanto que não será tão fácil para você. Lembre-se, ser uma celebridade em alguns pontos permitirá que você entre pela porta da frente. E, no meu caso, isso permitiu e permite. Mas o que acontece quando você está na reunião é outra questão. Ou a ideia ou projeto tem "pernas" ou não tem. Ou a produtora vê uma oportunidade de trabalhar comigo (com você) ou não. Lembre-se, eles têm as próprias ideias. E algumas ideias/conceitos podem de fato virar um negócio. É claro, para prosseguir, você precisa ter certeza de que terá alguma proteção caso as pessoas tentem roubar sua ideia. Uma vez que eu achei o parceiro certo para produzir, posso ligar para o Target ou Walmart ou outro varejista e dizer que eu tenho um programa de TV chamado BEBÊ 101™. E que talvez o varejista possa se interessar em começar uma parceria. O varejista COMPRA mercadorias de fabricantes e depois VENDE essas mercadorias para os clientes. Então por que não ter o varejista fabricando eles mesmos os produtos BEBÊ 101™ uma vez que que eles já têm lojas que vendem produtos de bebês? Por que não fazer a TV funcionar como um *infomercial* para a linha de produtos? Comida BEBÊ 101™. Fraldas BEBÊ 101™. Livros e vídeos BEBÊ 101™. Você pegou a ideia.

Como proprietário da marca registrada, se consigo que o varejista faça negócio comigo, então participo de (em outras palavras, ganho dinheiro com) cada etapa do processo.

Martha Stewart, que eu conheço e admiro há muito tempo, atingiu um grande sucesso usando uma abordagem parecida. Stewart sabe cozinhar. E daí? Muitas pessoas sabem. Mas o que Martha Stewart fez foi criar a *marca* Martha Stewart – o nome dela, a aparência dela, sua pessoa, sua estética – e usar a TV para lançar aquela marca, e então implementar seu modelo de negócios, juntando-se a varejistas para vender várias linhas de produtos com a marca registrada Martha Stewart, desde livros de culinária a móveis.

Lembre-se, ela não nasceu com isso e nem lhe foi dado, não a ensinaram na escola e ninguém estava ciente da demanda por produtos com a marca Martha Stewart até que ela criasse essa demanda.

Ela mesma fez. Assim como Rachael Ray fez.

Então se você encontrar uma pessoa que diga que o plano dele ou dela é criar uma indústria em torno dele ou dela, pode parecer estúpido.

Mas, se descobrirem como implementar suas ideias, então é uma ideia estúpida absolutamente brilhante.

A implementação é o que faz de uma ideia estúpida uma ideia brilhante.

A ARTE DE FAZER MAIS: PRINCÍPIO # 7

CONSTRUA, ETIQUETE E VENDA

Dificilmente alguém bem-sucedido (incluindo eu) nasceu bem-sucedido. Presidentes de países, líderes corporativos, estrelas do rock, todos eles têm uma coisa em comum com você: eles nasceram pessoas comuns! E o restante se resume a algumas variáveis e a uma ética forte de trabalho. Sim, a sorte às vezes tem um papel nisso. Sim, o lugar onde mora pode aumentar suas chances de sucesso. Sim, aqueles com quem você se associa têm um grande impacto em tudo. Definitivamente, entretanto, tudo volta para você. Para VOCÊ e como você se sai com as pessoas.

Tenha em mente que estamos passando por uma nova era de negócios. O valor do seu nome é determinado por computadores e pela internet. Em estatísticas das mídias sociais, por exemplo, KISS tem no momento mais de 12 milhões de fãs no Facebook. Entretanto, aconselho fortemente todos a não se apoiarem apenas em computadores para realizar o trabalho – eles são apenas ferramentas à disposição no seu caminho em direção às suas metas. Mas o principal se resume (de novo) a você. Quando você se senta para uma entrevista de emprego, a pessoa do outro lado da mesa deixará seu currículo de lado e é provável que diga: "Então, me fale sobre você." Você é o seu melhor currículo. Esse é o seu momento. Sempre é o vendedor de aspiradores de pó, não o aspirador de pó, que fará a venda.

19.
A importância de ser capaz de se vender e de contar sua história

"Essa é uma época fantástica para entrar no mundo dos negócios, porque os negócios vão mudar mais nos próximos dez anos do que mudaram nos últimos cinquenta."

BILL GATES, cofundador e ex-presidente da Microsoft, investidor, inventor, programador de computadores e filantropo

VOCÊ é o negócio.
 VOCÊ é seu próprio chefe.
VOCÊ é a MARCA.
Aqui está o que eu quero dizer.

Sua reputação o precede. Seu nome tem que *significar* alguma coisa. Algo como: "Aquele cara que sempre chega no horário e sempre diz o que pensa e pensa o que diz."

Mesmo antes das pessoas o conhecerem em eventos sociais ou em entrevistas de emprego, elas farão a diligência prévia sobre você, para descobrir o que *outras pessoas* têm a dizer sobre você. Assim, no momento em que você finalmente se encontra com alguém, essa pessoa já terá uma impressão formada sobre você, que pode ser tanto positiva quanto negativa. Você quer que essa primeira impressão seja positiva.

Isso significa que se o que falam sobre você antes de uma entrevista é ótimo, você já está com o jogo quase ganho. E se continuar tendo recomendações bem positivas sobre a sua performance *depois* de conseguir aquele emprego, não demorará muito até começar a subir na escada do sucesso. E certamente acontecerá muito mais rápido do que se você for um preguiçoso que só fica de braços cruzados.

Marca é uma palavra usada para descrever todos os tipos de coisas, inclusive produtos. Quando vai fazer compras, você geralmente está predisposto a comprar esse produto em vez daquele porque reconhece a marca e porque tem uma boa impressão dela.

Se você vê a SI MESMO como uma marca, então vai entender a verdade intrínseca: as pessoas julgam. Elas julgam tudo. Avaliam tudo. Avaliarão VOCÊ. Vão avaliá-lo antes mesmo de conhecê-lo. E quando o conhecerem. E assim que você se for. Sempre terão algo para dizer sobre você antes, durante e depois. Porque a sua marca, sua reputação, o precederá e sempre estará com você.

É como uma sombra. Sua sombra vai aonde você for. Assim como a sua marca. Onde quer que você esteja, projetará uma sombra. Cabe a você criar uma silhueta admirável.

É sua responsabilidade, deste modo, construir e controlar sua marca. Seu nome. Sua aparência. Sua capacidade de se comunicar. Sua habilidade com pessoas. Tudo isso precisa acontecer antes mesmo de se qualificar para conseguir aquele emprego.

E ao conseguir aquele emprego, será preciso *continuar* a construir e controlar sua marca. Isso significa que você precisa continuar a proteger VOCÊ, uma vez que VOCÊ é a marca. VOCÊ está no controle de como é visto pelas pessoas e é sua responsabilidade mudar se a impressão que você está passando não for boa.

Se ser "VOCÊ" não está funcionando, então "VOCÊ" tem que mudar. Agora.

Algumas pessoas mudam o visual a cada seis meses. A cor dos cabelos. A forma como se vestem. Tudo. Elas mudam confortavelmente de visual e continuam tentando descobrir qual estilo funciona melhor no mundo real. No trabalho, elas podem se vestir de forma mais conservadora. Mas à noite, ternos e gravatas saem de cena, as saias podem ficar mais curtas e os saltos mais altos. Mulheres, especialmente no aspecto visual, são ótimas para se divulgar.

Muitas mulheres entendem que o mundo julga sua aparência, e que se o visual fizer a conexão, outros fatores ganharão importância. Elas reconhecem esse fato e o fazem trabalhar a seu favor.

Elas aprendem como colocar maquiagem. Como estar na moda. Em resumo, aprendem todos os tipos de habilidades que aumentarão as chances delas de sucesso, baseado no que a sociedade vem dizendo a elas que é válido para uma mulher. Se isso é uma coisa boa ou não, não vem ao caso. A questão é que, em qualquer sistema que você faça parte (seja justo ou injusto) há maneiras para ficar em vantagem. No sistema dos negócios, a mulher moderna e o homem moderno aprendem o que eles precisam para competir.

Você será julgado pelo seu nome, seu visual, seu sotaque, tudo.

Esse é um velho exercício mental: duas jovens participam de uma entrevista de emprego em um escritório de advocacia. Elas têm currículos, experiências e formação similares. Uma está vestida com calça jeans e a outra com um vestido. Qual consegue o emprego?

E lembre-se, você não é o único por aí. Existem muitas pessoas ambiciosas que querem o que você quer, que deixam uma impressão melhor que a sua, que são mais espertas que você, que são mais qualificadas que você e que estão dispostas a trabalhar mais duro que você.

A vida é uma competição. Goste ou não, você está sempre competindo com os outros. E é por isso que é importante para você ser o zelador de VOCÊ mesmo.

Aliás, eu continuo escrevendo VOCÊ em maiúsculas para chamar sua atenção. Para continuar apontando para VOCÊ. Para chutar VOCÊ na bunda e fazer VOCÊ seguir isso agora.

Como o pessoal da Nike diz: "Just do it", ou "Apenas faça".

Nos Estados Unidos, somos um caldeirão com uma mistura multicultural onde há oportunidades iguais para todos. Bem, quase todos.

Oportunidades *relativamente* iguais para aqueles com os mesmos talentos e habilidades. Mas mesmo assim, o melhor dos melhores chegará mais alto. A vida e a natureza escolhem os mais fortes.

"Somos todos criados iguais" simplesmente não é uma verdade. Nunca foi e nunca será. Alguns de nós nascem espertos. Alguns nascem mais rápidos, vivem mais tempo, são mais fortes e por aí vai.

Uma vez que você reconhecer e entender isso, começará a ver que o único jeito de vencer os mais espertos/ mais bonitos/mais jovens/mais experientes é simplesmente trabalhando mais duro, por mais tempo e nunca desistindo.

"Oportunidades iguais" simplesmente significam que existem muitas oportunidades nos Estados Unidos. Nunca será "igual", porque o mundo é povoado por seres humanos e seres humanos têm seus preconceitos. Todos nós. Você. Eu. Todo mundo.

Os Estados Unidos da América são o país mais rico da história da humanidade (apesar de que em breve a China será). Os Estados Unidos também são um dos países mais jovens. Outros países e culturas estão por aí há milhares de anos. Mesmo assim, em menos de dois séculos e meio, os Estados Unidos foram capazes de inventar o voo, desenvolver a linha de montagem, colocar o homem na Lua e fazer tantas outras realizações várias vezes repetidas que você tende a ouvir de pessoas como eu.

Apesar de termos uma constituição que diz que todas as pessoas são criadas iguais, esse é um ideal que não é bem verdade. Vale repetir: algumas pessoas nascem mais rápidas, algumas são mais espertas, algumas são mais baixas, algumas são mais gordas, algumas são mais magras. Acreditamos que nossos direitos deveriam suplantar nossas características hereditárias, suplantar nosso DNA. Talvez devessem. Mas no mundo real não é assim.

Dessa forma, todos temos que *lutar* pelos direitos que nos são garantidos pela Constituição: para sermos tratados igualmente diante da lei e não sermos analisados ou nos sujeitarmos a preconceitos e outras avaliações, como ser julgado pelas aparências ou pelo modo que falamos.

Tudo bem, exceto que você está lidando com seres humanos. E afirmo que seres humanos, seja por natureza ou por criação ou por cultura ou religião, são fundamentalmente recriminadores e preconceituosos.

Primeiras impressões têm uma importância incrível. Quando você conhece uma nova pessoa, a primeira impressão dessa pessoa sobre você com bastante frequência irá garanti-lo ou destruí-lo. Como o velho ditado fala, você tem apenas uma chance para deixar uma primeira impressão. Goste ou não, outras pessoas julgarão você.

Membros de quase todos os grupos têm precisado lutar para sobrepujar o preconceito e as más impressões que outras pessoas têm sobre eles. Quaisquer que sejam as fontes, esses preconceitos são parte da vida e será pouco provável que eles mudem drasticamente durante nosso tempo na Terra. Ou talvez nunca.

Por outro lado, em áreas que você *pode* controlar, você pode muito bem fazer o seu melhor para que as coisas trabalhem a seu favor. Vamos começar com a sua aparência. Como você se veste. Como você fala.

Digamos que você seja um judeu ortodoxo (eu fui um) e quer se tornar um âncora de telejornal nos Estados

Unidos. Então você chega com seu solidéu, barba, chapéu e a longa jaqueta preta e é entrevistado para o emprego. Agora vamos dizer que o canal de TV de fato assuma o risco de colocá-lo no ar. Quantas pessoas você acha que realmente assistirão ao noticiário da noite se fosse apresentado por alguém como você? Você pode ter conteúdo e algo importante para dizer, mas telespectadores o julgarão pela aparência, que será a de um estrangeiro para a maioria dos americanos e, portanto, não será bem-vinda. Eu afirmo que as massas *ouvem com os olhos* em vez de escutar de verdade o que está sendo dito. É por isso que nunca existiu um âncora judeu ortodoxo na TV americana. E provavelmente nunca existirá.

Lembre-se, eu sou judeu, então não estou sendo antissemita aqui. Estou apenas sendo pragmático e apontando que, no mundo em que vivemos, nossa aparência é importante, e é particularmente importante se você está planejando ser um empreendedor bem-sucedido. Árvores que não se dobram com o vento se quebram.

Seja flexível.

Supere quem você é.

Assim, quando tiver aquela grande entrevista de emprego ou estiver pronto para se encontrar com aquele banqueiro ou investidor em potencial para lançar o seu grande projeto empresarial, deixe o solidéu ou a túnica ou o turbante em casa. Você pode expressar orgulhosamente sua etnia, cultura e religião em casa. Mas em situações de negócios, use um figurino que seus colegas e potenciais benfeitores gostem. Isso significa um bom corte de cabelo e terno e gravata se você for homem. Se for uma dama, não revele muito o corpo nem use muita maquiagem. Para o bem ou para o mal, bancos e instituições financeiras ainda são fraternidades masculinas e você deve promover a si mesma e as suas habilidades, não o seu corpo. De outra forma não será tratada com seriedade. Novamente – essa é uma prescrição para o sucesso nos negócios, não na vida. Em nenhum ponto nesse livro existe a afirmação de que eu tenho autoridade para decidir quanta pele uma mulher deve ou não deve revelar ou como ela deve se vestir ou se arrumar. Isso não é da minha conta se não se trata de negócios. Mas no mundo empresarial, existe uma etiqueta no vestuário para o sucesso.

Você não deveria usar cores claras e gritantes em um funeral e não deveria usar roupa sexy na igreja, no templo ou numa mesquita. A mesma regra se aplica aos negócios. Se você é proprietário de uma oficina mecânica ou de um estúdio de tatuagem, ou se está em uma banda de rock, então pode ignorar essas regras. Caso contrário, esqueça. Mantenha uma aparência apropriada na hora apropriada e no local apropriado na frente das pessoas apropriadas.

Sinto muito se não estou sendo politicamente correto aqui, mas se você está procurando alguém que pegue leve, vá comprar outro livro. Estou aqui para ajudá-lo a ganhar dinheiro de verdade e não para dizer o que você quer escutar.

Muitas pessoas terão medo de ofendê-lo. Eu não. Porque eu sou *um* de vocês. Como milhões e milhões de outros americanos, não nasci nos Estados Unidos. Eu parecia ter vindo de outro lugar. E milhões e milhões de vocês parecem também.

A diferença entre mim e um monte de outras pessoas é que decidi há muito tempo que me adaptaria o melhor que pudesse e que me conformaria, até o ponto que pudesse, com as regras implícitas na cultura desses Estados Unidos da América. Sim, você ouviu direito – eu sou um *conformista*.

Existem regras sociais implícitas em todos os países, mas, nos Estados Unidos, você tem a escolha de segui-las ou ignorá-las. Mas eu insisto: se decidir ignorar essas regras, terá um caminho muito mais difícil para a fortuna que se estende à sua frente.

Outra coisa: *não use gírias em situações de negócios*. Usar palavras como *cara* e *mano* em frente a profissionais de negócios os farão pensar que você é um idiota.

O que me leva para o meu próximo ponto.

A ARTE DE FAZER MAIS: PRINCÍPIO # 8

SAIBA PARA QUEM VOCÊ ESTÁ VENDENDO

Tudo custa dinheiro e pessoas precisam lhe dar dinheiro pelo serviço ou produto que está à venda. Você tem que descobrir como levar o que você tem para as mãos delas e trazer o dinheiro delas para as suas mãos, e aí está o grande obstáculo. Como fazer isso com o mínimo de gastos da sua parte, pelo máximo de dinheiro da parte delas, e como fazê-las entender que elas não podem viver sem o que você tem? Você precisa conhecer o seu público, seus compradores e clientes, e o que eles esperam de você.

20.

Fale direito

"Eu entrei nesse negócio por dinheiro e a arte cresceu a partir disso. Se as pessoas estão desiludidas por esse comentário, não posso fazer nada. É a verdade."

CHARLIE CHAPLIN, ator, diretor, autor, compositor
e fundador de um estúdio

Outro ponto importante: *aprenda a falar inglês*.
 Não há nada de errado com se orgulhar por ser hispânico, afrodescendente ou albanês, mas isso por si só não o ajudará a acumular uma fortuna nos Estados Unidos. Falando francamente, dominar a língua inglesa pode ajudar. Em qualquer lugar no mundo. Fale inglês no Zimbábue e terá um emprego. Fale um dos diversos dialetos do Zimbábue nos Estados Unidos e isso não o ajudará em nada.
 E tente falar inglês sem sotaque. Por favor! De novo, esse livro não é sobre ser politicamente correto, é sobre mostrar-lhe como ganhar dinheiro. Sejamos realistas. Se eu não consigo entender o que você está me dizendo ou se seu sotaque for muito forte, a lembrança que eu terei não será sobre o conteúdo da conversa. Será sobre o seu sotaque.
 Estou aqui para lhe dizer que conceitos politicamente corretos quase nunca dizem *toda* a verdade, somente

a verdade e nada além da verdade. O politicamente correto é provavelmente bem-intencionado. E questões "ofensivas" muitas vezes rendem processos nos tribunais.

Mesmo que o processo tenha ou não mérito, ainda custará muito dinheiro para ser defendido. Assim, a maioria das nossas instituições – a imprensa, o sistema educacional, políticos, empregadores e corporações – é muito cuidadosa sobre o que fala, como fala e para quem fala.

Então me deixe soletrar claramente para você, de um imigrante para todos os outros imigrantes por aí: APRENDA A FALAR INGLÊS. E aprenda a falar bem. E aprenda a falar sem sotaque. De verdade.

Eu sei que você se orgulha de onde você veio. E se orgulha da sua família, de sua religião e de seus costumes.

Excelente. Você se orgulha das suas origens. E eu me orgulho das minhas.

E daí?

A menos e até que todas as culturas e idiomas e religiões diferentes que imigraram para os Estados Unidos descubram como se dar bem umas com as outras no mesmo país, existirá o caos. A Torre de Babel.

E isso significa que todos temos que ceder um pouco e descer do salto no que se refere a nosso idioma, cultura e até mesmo crença religiosa.

Supere isso.

Eu quero muito passar para frente esse alerta: não existe nada absoluto. Sempre existem e sempre existirão exceções. Você pode ter um sotaque indiano maravilhosamente pesado, ser um gênio da matemática e ter um sucesso glorioso em Wall Street.

Nas escolas públicas, seu professor nunca dirá que seu sotaque pesado ou sua falta de domínio na língua inglesa podem criar obstáculos para sua ascensão ao sucesso. Se ele disser, será demitido. Mesmo que isso seja verdade.

Seu professor nunca lhe dirá (é proibido por Deus) que as pessoas nos Estados Unidos, certas ou erradas, simplesmente não aceitam bem sotaques pesados e a falta de domínio da língua inglesa.

Mas é a verdade. E isso pode ser uma realidade injusta que você terá que encarar.

E seu chefe no seu emprego, se tiver um, nunca falará na sua frente que seu sotaque pesado pode macular ou afetar de alguma forma a percepção dele sobre você. Isso não seria apenas politicamente incorreto, mas legalmente incorreto também.

Ainda assim, algumas vezes, é a verdade.

Eu não sigo essas regras. Você não trabalha para mim e eu posso declarar minha opinião o quanto eu quiser.

Especialmente porque eu *era* um de vocês.

Em 1958, quando minha mãe e eu imigramos legalmente para os Estados Unidos, eu não falava uma palavra em inglês. Nem minha mãe. Falávamos húngaro e hebraico e minha mãe entendia um pouco de alemão. Eu também entendia um pouco (e há muito me esqueci) de espanhol e turco.

Minha mãe não conseguia falar inglês e não tinha educação, por isso acabou fazendo trabalho braçal. Seis dias por semana. Sem feriados. Sem salário-mínimo. Era o único emprego disponível em Nova York para alguém com o seu nível de preparo.

Não nasci nos Estados Unidos, mas, desde criança, aprendi que quanto mais estrangeiro eu soasse, menor seria minha aceitação entre a maioria das pessoas.

Uma das primeiras coisas que me lembro de ouvir quando tinha oito anos e meio foi: "O que você é, estúpido? Consegue pelo menos falar inglês?" Eu nunca me esqueceria disso. Foi grosseiro e duro, sim. Mas foi uma reflexão sem filtro de como um nativo americano poderia considerá-lo se você não fosse capaz de se comunicar em inglês. Quanto menor for o seu domínio da língua, mais estúpido você soará para a maioria das pessoas.

Era verdade na época e é verdade agora. E será verdade amanhã, da mesma forma, em vários níveis. Podemos nos empenhar em mudar o mundo – fazer uma mudança social positiva é um esforço válido. Mas se quer ser um homem de negócios, terá que lidar com o jeito que o mundo é hoje, não com o jeito que você gostaria que fosse.

Desculpe-me. A vida é assim. Você não pode forçar todo mundo a pensar do seu jeito.

Incentivado pela cultura americana predominante, eu me forcei a aprender a falar o inglês americano. Ou fazia isso ou continuaria sendo motivo de piadas, teria menos amigos, jogaria menos beisebol e seria menos convidado para festas. E naquela idade, isso tudo era importante para mim.

Aprendi a falar inglês sem sotaque e me formei na faculdade com um diploma de bacharelado em pedagogia. De imediato fui capaz de dar aulas para alunos da sexta série nativo-americanos. Eu falava inglês melhor do que eles. Depois, aos 22 anos, tornei-me assistente do diretor do Conselho Porto-Riquenho. Esses eram alguns dos empregos disponíveis para mim com o meu nível de conhecimento, tudo porque eu aprendi a falar direito.

Trabalhe isso.

Consiga resultados.

Estou aqui para aumentar suas chances de sucesso, por isso não vou maquiar nenhum dos obstáculos que poderiam segurá-lo. E o seu sotaque pesado e/ou sua falta de domínio da língua inglesa não são seus amigos. Tente se livrar deles. Agora.

"Ele fala bem", eles dirão em segredo uns aos outros.

E para que não pense que estão implicando com você apenas porque é de um lugar diferente, leve isso em consideração: é o mesmo sentimento que os americanos têm uns com os outros. Por exemplo, se o seu sotaque soar muito "sulista", muitos americanos poderão presumir que você é, bem, menos sofisticado.

Seria difícil para a maioria dos americanos levar o professor Billy Bob Fitz a sério, se a primeira fala dele no curso de estudos shakespearianos na faculdade fosse: "Na lição de hoje, cêis todos analisarão o dilema com que Otelo teve que viver, tá bão?"

Não me desculparei por essa paródia ou minha brutalidade – esse é o mundo bruto e inflexível onde você entrará. Endureça e se *adapte*. Seja o predador darwiniano mais apto – qualquer que seja seu ambiente, adapte-se a ele, conquiste-o. E o que acontece é que o mundo dos negócios nos Estados Unidos é um ambiente em que se fala inglês.

Também merece nota que, no Sul dos Estados Unidos, os apresentadores de TV raramente soam sulistas. Eles falam em um perfeito inglês americano da Costa Leste, mesmo que tenham nascido no Sul, que amem o Sul e comam curau de milho. Eles percebem que o som de seu sotaque não funciona para o restante do país.

Para que vocês sulistas não pensem que eu tenho algo contra vocês, vocês não são os únicos.

Um sotaque nova-iorquino pesado, com os maneirismos típicos de quem é da região, é considerado por muitos como menos sofisticado. Para ser direto – isso faz você soar estúpido.

Eu não inventei as regras.

A menos que você descubra uma reserva de petróleo no seu quintal no Texas, você notará que os maiores gigantes corporativos e capitães da indústria que valem bilhões, como Bill Gates, Warren Buffett e Mark Zuckerberg, todos falam o inglês americano da Costa Leste.

Isso não é coincidência.

E não pense que estou falando apenas de pessoas brancas.

Presidente Obama fala o inglês americano da Costa Leste.

Oprah Winfrey fala o inglês americano da Costa Leste.

Wendy Williams fala o inglês americano da Costa Leste.

VOCÊ pode aprender a falar bem o inglês americano da Costa Leste.

Eu aprendi.

Em Roma, faça como os romanos.

Você está nos Estados Unidos e, apesar de não termos, no papel, uma língua nacional, é simplesmente contraproducente não fazer o que lhe garantirá o máximo de dinheiro – o que o ajudará a prosperar. E nesse momento isso significa aprender inglês.

Quanto melhor você puder se comunicar em inglês, mais dinheiro estará ao seu alcance.

Não vamos parar aí. Vamos até o fim. Aperte o cinto. Vai ser turbulento.

Falar com um sotaque pesado judaico que não é de fácil compreensão pelas massas não o ajudará a avançar. Não importa que você se orgulhe e que seja a sua origem. Ninguém mais se importa. De verdade.

Falar com um sotaque muito pesado geralmente não vai ajudá-lo a fazer mais dinheiro. Sempre existem exceções, é claro, mas por que arriscar?

O chefe dos garçons de um restaurante francês tem um sotaque francês pesado? Sem problemas. É aceitável.

O apresentador de telejornal americano tem um sotaque francês pesado? Isso não é tão aceitável.

E não falar nada em inglês lhe garantirá uma passagem só de ida para o fundo do poço.

É SUA responsabilidade aprender a falar inglês apropriadamente.

Ninguém lhe dirá isso, porque supostamente é grosseiro. É politicamente incorreto. Magoará os sentimentos dos imigrantes.

Então eu direi.

FALE INGLÊS!!!

Tive que fazê-lo.

Você pode também.

Escrevi uma parte desse livro ditando diretamente no meu iPhone. A Siri entende o ditado muito bem. A Siri e eu nos damos muito bem. Ela entende cada palavra que eu digo. Isso é porque eu falo muito bem o inglês americano da Costa Leste.

Quanto mais pesado for o seu sotaque, menos confiável a Siri se tornará. Ela pode ter outras configurações de linguagem – mas as pessoas não têm.

Pegue a dica da Siri.

Ela sabe.

Ela não se importa se você é uma boa pessoa.

Ela só se importa se conseguir entendê-lo.

Como eu disse em outra parte desse livro – existem e sempre existirão exceções para cada regra. Estávamos no jogo de basquete no Staples Center em Los Angeles. E, no caminho da saída, alguém me apresentou ao governador da Califórnia, Arnold Schwarzenegger. As primeiras palavras que eu disse para ele foram em alemão. Ele nasceu na Áustria e levou o fisiculturismo muito a sério. Ele logo subiu em seu meio. Quando chegou aos Estados Unidos, com pouco domínio do inglês, ele rapidamente ganhou o título de Mr. Olympia e outros títulos de fisiculturismo. Note que a primeira carreira que ele escolheu não tinha nada a ver com falar bem. Uma opção inteligente. Depois ele prosseguiu no cinema, atuando em papéis onde seu físico era o que chamava atenção. Em seguida ele se dirigiu para a política e venceu com facilidade as eleições, se tornando o governador do que era na época a sexta maior economia da terra: a Califórnia.

Quaisquer obstáculos que você pense estar no seu caminho quando se é americano nativo, imagine como são para quem é de outro país, outra cultura, sem domínio do inglês. E com um nome peculiar que é difícil de pronunciar e soletrar.

Ainda assim, a mesma força de vontade que o trouxe até os Estados Unidos, e o fez chegar ao topo do mundo do fisiculturismo e depois do cinema e finalmente da política, diz algo sobre quem é essa pessoa.

Lembre-se de que a cada passo do caminho as pessoas caçoavam de seu inglês e de como se soletrava seu nome. Nada disso teve importância para ele. Nada o impediria de ser bem-sucedido.

Anote isso – seu sotaque era algo que ele teria que sobrepujar. Não é impossível. Mas você terá que trabalhar duro para isso.

Campeões não nascem prontos. Eles trabalham para isso.

A ARTE DE FAZER MAIS: PRINCÍPIO # 9

FALE A LÍNGUA DO DINHEIRO

Você não precisa de um MBA para se dar bem nos negócios – mas há alguns fatos básicos sobre o dinheiro que você deveria saber. A economia inteira é baseada na noção de que o dinheiro precisa passar de mão em mão para continuar existindo. Quanto mais você entender isso, mais terá acesso ao dinheiro das outras pessoas na busca por suas aspirações.

21.

Mulheres empreendedoras

"O importante é não ter medo de se arriscar.
Lembre-se, o maior fracasso é não tentar."
DEBBI FIELDS, fundadora e porta-voz das padarias Mrs. Fields

Este capítulo é especialmente pensado para você, mulher empreendedora.

Eu não vou entrar no mérito de quão humilhante e árdua é a escalada que você terá que fazer para ganhar respeito e obter o controle sobre sua própria vida nesse país e em outros. Eu também entendo que a batalha pelos seus direitos ainda não acabou. Em muitos países africanos, asiáticos e do Oriente Médio, mulheres ainda são tratadas como propriedade ou coisa pior. E ainda temos muito que evoluir nos Estados Unidos, apesar de a misoginia que vivenciamos aqui ser um pouco menos óbvia e um pouco mais insidiosa.

Pelo menos aqui na sociedade ocidental, e particularmente nos Estados Unidos, mulheres têm oportunidades, talvez mais que em qualquer outro período histórico, talvez mais que em qualquer outro lugar na Terra. Assim, não há uma desculpa real para não se tornar uma empreendedora.

Se você tiver estômago para isso.

Como modelos de vida, homens podem se inspirar em vários empreendedores que começaram do nada e criaram um império financeiro sozinhos. A lista é longa. Bill Gates/Microsoft. Mark Zuckerberg/Facebook. Steve Jobs/Apple. Richard Branson/Virgin. Todos esses homens começaram sem recursos, não tinham experiências anteriores e seguiram em frente mesmo assim.

As mulheres devem notar que existem modelos de vida para elas se inspirarem também.

As mulheres a seguir jogam para ganhar em um mundo masculino. Porque *é* um mundo masculino, infelizmente. E homens não mudarão as regras para acomodá-las, da mesma forma que não mudariam para acomodar outros homens que não atingem as metas.

Por favor, perceba também que nenhuma dessas mulheres que eu estou prestes a elencar conseguiram sua posição social por meio do casamento ou nasceram com uma coroa na cabeça. Elas tiveram que lutar duro para chegar aonde chegaram. Talvez mais duro que suas contrapartes masculinas. E elas merecem o respeito e a admiração de todos nós por terem sido capazes de superar qualquer obstáculo que a sociedade e a cultura colocaram na frente delas.

Elas venceram apesar de tudo.

E você pode vencer também.

A chanceler alemã Angela Merkel supervisiona a economia mais próspera da Europa. O produto interno bruto (PIB) da Alemanha é de quase 12 trilhões de dólares. Merkel tornou-se chanceler do modo tradicional. Ela trabalhou para isso. Ela não conseguiu pelo casamento. Não foi uma herança. Ela lutou até chegar ao topo, ficou cara a cara com homens e os venceu.

Marillyn Hewson é a CEO da Lockheed Martin, uma empresa multinacional de aviação, defesa, segurança e tecnologia. Uma posição difícil de ser associada a uma mulher. Mas ela ascendeu em uma entidade povoada majoritariamente por homens.

Ellen Johnson Sirleaf é a chefe de estado da Libéria. Ela é uma das duas únicas mulheres em toda a África que há pouco tempo se tornaram chefes de estado. A outra é Joyce Banda, do Malawi. Ambas têm reuniões rotineiras para melhorar a vida das mulheres na África.

Ginni Rometty é a CEO da IBM. Computadores. IBM é liderada por uma mulher – o velho estereótipo de que tecnologia não é algo "feminino" está ruindo.

Meg Whitman é CEO da Hewlett-Packard. Antes disso, ela concorreu ao cargo de governadora da Califórnia e perdeu por uma margem pequena de votos. Ela também foi presidente e CEO do eBay.

Marissa Mayer encabeça o Yahoo. Quando ela surgiu como CEO, a empresa estava em farrapos. Sob a liderança dela, o Yahoo deu a volta por cima.

É digno de nota o fato de que durante os cinco anos nos quais Mayer trabalhou no Google, ela virou 250 noites inteiras. Pense nisso: 250 noites sem dormir para realizar o trabalho.

Então, por que não você? Você tem esse tipo de dedicação para com o sucesso? Você pode fazer isso?

Estava claro desde o começo que Marissa Mayer estava disposta a trabalhar mais que seus colegas.

Mesmo sendo casada, ao chegar em casa depois do trabalho, ela não para de trabalhar. Ela trabalhará até tarde da noite mesmo estando com seu marido. Ela não para de trabalhar só porque está em casa.

E isso é o que faz um campeão.

Respire isso. Sinta isso. Sonhe com isso. Seja isso. O tempo todo.

Você é o motor que faz tudo acontecer.

Você é a bateria do carro: precisa recarregar-se colocando o motor para funcionar, todos os dias.

Senhoritas, primeiro e mais importante: vocês só podem contar consigo mesmas. Sem regras prontas para vocês seguirem. Vocês têm que fazer SUAS PRÓPRIAS regras.

E, honestamente, isso é mais difícil para as mulheres, pois vocês não *têm* a obrigação de fazer isso por si próprias. Por serem mulheres, há um contrato social, e um estereótipo social, que lhes ensina desde cedo que existe um porto seguro chamado homem. Você tem a opção de se casar, ter filhos e passar todo o seu tempo cuidando da casa enquanto ele trabalha e paga por tudo. Esse estereótipo persistente ainda está aqui e, apesar de não ser reforçado com o mesmo vigor que nos anos 1950, ele ainda é predominante. Algumas pessoas, algumas vezes, vão se perguntar por que você "faz questão" de trabalhar tão duro em vez de apenas estabelecer-se.

E você com certeza poderia fazer isso. É a sua vida.

Mas se decidir ser uma dona de casa ou uma mãe em tempo integral, você pode muito bem deixar as suas aspirações empresariais na porta da casa que você não pôde comprar.

O relógio biológico que continua forçando as mulheres a terem crianças antes da meia-idade e a cultura masculina que segue enfiando essa mensagem goela abaixo são, provavelmente, o maior obstáculo para que elas devotem todos os seus momentos acordados às suas carreiras. Se você é uma mulher entre 20 e 40 anos, essa é a época mais importante para trabalhar em suas aspirações. Sem quaisquer distrações.

Então sua maior decisão a tomar é essa: você quer devotar todas as suas energias nos seus 20, 30 e 40 anos à sua carreira ou prefere se conformar com um instinto biológico primitivo, um estereótipo social tradicional, e ser uma mãe e dona de casa? De novo – não há nada de errado com isso. De forma alguma. Mas, nesse ponto da história, talvez pela primeira vez, você não tem a obrigação de fazer isso. O horizonte de possibilidades está se tornando mais amplo e grandioso a todo o momento, graças a mulheres irrefreáveis como as que mencionei antes.

Algumas vezes você tem que tomar aquela dura decisão divisora de águas. Algumas vezes, simplesmente não há tempo o suficiente para ser uma mãe e esposa e também ter aspirações em sua carreira. Eu com certeza reconheço que milhões de mulheres fortes são mães solteiras. E reconheço que essas mulheres criam seus próprios filhos ao mesmo tempo que saem para trabalhar pelo sustento da casa. Mas muitas delas estão apenas trabalhando para pagar as contas.

Se quer aumentar as suas chances de se tornar uma empreendedora bem-sucedida, se quer chegar ao topo da escada do sucesso, *não pode* deixar nada nem ninguém ficar no seu caminho. Isso inclui seus impulsos biológicos e os estigmas sociais que os reforçam.

Não até se dar muito bem!

Você não pode prestar atenção o suficiente em questões de sua vida doméstica e de sua carreira ao mesmo tempo. Simplesmente não há horas o bastante no dia.

Estatísticas dizem que se você decide ter descendentes, é melhor ter *um*. Apenas um. Pelo menos enquanto você ainda tem vinte e poucos anos. Porque um pode ser manejável em termos de tempo, custos, amor e esforço. Para usar uma analogia cafona, se você é um "equilibrista de pratos" – você sabe, aquelas pessoas que sustentam vários pratos girando no alto de uma vara – é melhor ter apenas um prato girando em vez de dez. Se tiver mais de um prato girando ao mesmo tempo, estará constantemente indo para frente e para trás, tentando manter todos os pratos girando. É inevitável, não importa o quão duro trabalhe, quanto mais tempo você girar, maior a chance de derrubar todos os pratos.

O que eu estou prestes a dizer é politicamente incorreto e pode magoar os sentimentos das pessoas de fé ou ofender sua raça ou cultura. Azar. Aqui vai.

Não tenha uma família grande – especialmente se você não pode bancar uma.

As estatísticas também dizem que os hispânicos, italianos, brancos e afrodescendentes de baixa renda tendem a ter filhos muito jovens, algumas vezes se tornando pais na adolescência. Isso é insano e precisa parar.

Pelo bem dos seus filhos.

E pelo seu.

Se você precisar ter filhos jovem, tenha um. Talvez dois. Mas só isso.

Desculpe-me, os ricos são diferentes. Eles podem ter quantos filhos quiserem, *porque eles são ricos*. Eles podem bancar os custos extras de alimentação, vestuário, educação e cuidado para múltiplas pessoas. Uma criança é como tudo mais – você tem que determinar se pode bancar uma. Se não pode, não tenha.

Tem mais.

De acordo com um estudo do Departamento de Agricultura dos EUA, criar uma criança até os seus 18 anos custará algo em torno de 241.080 a 500 mil dólares. Isso é dinheiro já descontados os impostos, o que significa que, dependendo da faixa tributária, você pode adicionar entre 30% a 50% a esse valor, o que significa que, na faixa mais alta, você terá que ganhar algo entre 500 mil a um milhão de dólares para criar um filho até os 18 anos!

Agora multiplique isso pelo número de filhos que as pessoas têm e você terá uma estrutura financeira que simplesmente não pode suportar a qualidade de vida que uma criança precisa.

De novo. PARE DE TER TANTOS FILHOS. AGORA.

Generalizando, mulheres têm duas escolhas na vida no que tange ao puro pragmatismo econômico: dedicar todo o seu tempo a sua carreira ou ter uma família e filhos. Existem dúzias de livros que debatem se é factível ter os dois, mas na minha opinião, sendo ou não, não acredito que valha o risco na maioria dos casos. Melhor jogar para ganhar e ter uma família depois que você já tiver conquistado algo.

Homens não têm essa opção e não têm essa escolha. Eles *têm* que ir para o trabalho. Eles não engravidam e tradicionalmente (como parte do estigma social que reforça o estereótipo) não têm a inclinação para ficar em casa e criar as crianças. Isso está mudando o tempo todo. Em breve pode tornar-se irrelevante. Contudo, estou falando do aqui e do agora – e desses velhos paradigmas dos anos 1950 que ainda parecem se aplicar a milhões de pessoas.

Isso vem desde o *Australopithecus africanus*, um dos nossos primeiros ancestrais que vivia nas planícies da África há alguns milhões de anos. Ele caçava e colhia. As mulheres não eram tão fortes ou tão ágeis e geralmente dependiam da caça que ele trazia. Com certeza muito mudou desde então. Mas esses papéis tradicionais ainda parecem ter um peso na nossa memória cultural. Quanto maior o pedaço de carne que ele traz para casa, mais atrativo se torna para as fêmeas (por favor, encaminhe suas cartas ofensivas para minha caixa postal).

Então, sim, você pode escolher ser uma dona de casa e renunciar a suas aspirações empresariais. Mas, se o fizer, VOCÊ será a última na fila. Seus filhos virão antes de você. Seu marido também será mais importante. Quando todos os outros forem felizes, *então* você poderá ser feliz.

Quer ser a mais importante?

Para isso terá que tomar algumas decisões sérias na sua vida.

Normalmente você não pode ter os dois (mais sobre isso depois).

Escolha um: CARREIRA ou FAMÍLIA.

Não pode ser meio a meio.

Tudo volta para VOCÊ.

Existem homens que vão prosperar no seu local de trabalho. Eles vivem isso. Respiram isso. Comem isso. Em esportes, no combate militar, na força de trabalho existem homens que competem e prosperam. Eles *querem* vencer.

Todos os dias.

E existem mulheres que querem isso. Existem mulheres que *querem* vencer.

Espero que você seja uma delas.

Existem alguns grandes obstáculos que você precisará superar. Cultura, misoginia – droga, caras como eu. Caras do velho mundo que reforçam os estereótipos misóginos quase que de forma inconsciente. Você terá que nos vencer no nosso próprio jogo. Mas, principalmente, você precisará superar A SI MESMA.

Existem estatísticas, em jornais de negócios, em revistas de medicina, em publicações de ciências sociais, que nos dizem que a maior barreira para se tornar uma mulher empreendedora bem-sucedida é a própria mulher, VOCÊ.

E é claro, homens não a aceitarão como a mulher poderosa que você se tornará. Homens ainda têm ideias preconceituosas sobre você. Homens ainda olharão para o seu corpo e, se você for muito atraente, eles terão dificuldade para ver algo além disso.

Azar.

Não inventei nada disso.

Lute contra.

Ou ignore.

Mas faça funcionar a seu favor.

Dessa forma, vamos dar uma olhada em quais são os *fatos* sobre mulheres nas classes trabalhadoras.

E depois vamos dar uma olhada nos motivos pelos quais nada disso deva importar na sua escalada para o topo.

Primeiro, algumas más notícias. Estudos indicam que muitas mulheres param de trabalhar ao final dos seus 20 anos.

Por coincidência, esses anos tendem a ser os anos importantes para se formar uma família e engravidar. E, como você está lendo este livro, isso não irá pará-la, certo?

Agora, algumas boas notícias: dos cargos iniciais nas corporações, mulheres são responsáveis por ocupar metade deles.

Más notícias: com o passar do tempo, homens têm o dobro da probabilidade em relação às mulheres de avançar para os cargos de liderança. Por que isso? É o resultado de uma situação de soma zero: "Eu quero deixar outra pessoa criar meus filhos enquanto coloco todo o meu foco na minha carreira?" Isso é culpa da natureza ou da criação? Quem se importa? Simplesmente é assim. E isso significa que você terá que trabalhar mais duro que ele.

Mais más notícias: apenas 3% das empresas de tecnologia são criadas por mulheres. O que significa que 97% das empresas de tecnologia são criadas por homens.

Pesquisas também apontam que 98% de todas as empresas cujos proprietários são mulheres nunca faturam mais do que um milhão ao ano.

Por quê? Se você é uma ativista social tentando uma mudança eficaz e positiva no mundo, essa questão tem peso. Se você é uma empreendedora, isso não importa – esse é simplesmente o monstro que você terá de derrotar, não é relevante de onde ele veio.

Também, considere isso:

Homens são predominantes nas redações de noticiários e revistas financeiras como *Bloomberg Businessweek* e *The Economist*. Apenas 27% da redação dessas publicações são compostas por mulheres.

Homens também são os leitores predominantes das publicações esportivas, o que, insisto, reforça questões de competitividade e trabalho em equipe.

Mulheres compõem algo em torno de 75% da audiência de programas de TV como *Ellen* e *The View*. Insisto que nenhum desses programas com viés feminino ajudam mulheres a progredir nos negócios.

Entenda isso como quiser.

Talvez, como mulher que quer se imergir no mundo dos negócios, você deva considerar sintonizar sua TV no *Bloomberg* e ouvir os capitães da indústria falarem. Leia *Entrepreneur* e *Forbes* e outras publicações de negócios. Visite websites dedicados a mulheres empreendedoras. Confira o entrepreneur.com e prossiga a partir dali. Eduque-se. Saia com amigos que já estão nos ramos que você deseja ser bem-sucedida. Infelizmente, isso no geral significa: saia com homens. Cabe a você mudar isso com o tempo.

Steve Harvey está certo: comporte-se como uma dama. *Pense* como um homem. Especificamente, pense como um homem que está realizando o que você quer realizar. Dessa forma, assim que começar a fazer isso, ali não será mais uma província masculina.

Eu nunca me esquecerei do filme *Uma equipe muito especial*. É sobre um time feminino de beisebol durante a Segunda Guerra Mundial. Tom Hanks é o treinador delas. Uma das jogadoras do time começa a chorar quando ela perde o ponto.

Hanks grita para ela: "Não há choro no beisebol."

Como mulher, você quer ser respeitada entre os trabalhadores?

Quer ser levada a sério?

Quer ser tratada como igual entre os homens?

Então não peça por uma vantagem e não aceite uma. Não aceite ser mimada; não sucumba aos estereótipos femininos.

Homens a sua volta virão e tentarão consolá-la como se você estivesse chorando e perguntarão o que aconteceu, mas, em segredo, eles não querem de verdade fazer aquilo e, honestamente, eles não se importam. São provavelmente tubarões circundando o cargo que você quer.

Assim como nos reprimidos anos 1950, homens não podem chorar em serviço.

E nem você.

Não no mundo dos negócios.

Quer chorar? Vá para o lado de fora.

"Não há choro no trabalho."

E *não fofoque*. Qualquer que seja o estereótipo – e sim, eu estou ciente de que são estereótipos – não os incorpore. Não os acolha. Rejeite-os com todas as suas forças. Convença caras antiquados como eu que estamos muito errados quando nós rotulamos vocês assim.

Não fofoque sobre o trabalho ou no trabalho.

Quer fofocar? Vá a uma banca de jornais, compre sua revista favorita de fofocas, e fofoque sobre a Jennifer Aniston. Não sobre colegas ou seu emprego.

Já tem o suficiente trabalhando contra você nesse mundo de homens chauvinistas, então não é preciso pôr mais lenha na fogueira fofocando e dando a alguém um motivo para dizer com razão: "É, você sabe – ela é mulher."

Não faça isso.

Torne-se um sucesso imenso e depois faça todos esses simplórios trogloditas do tempo das cavernas trabalharem para VOCÊ.

Viver bem é a melhor vingança.

Você quer isso, certo?

E se vista para o sucesso.

Vá a uma reunião de negócios e aja como os homens cujos empregos você almeja.

Não se vista ou aja de forma muito provocante. Homens não entendem nuances e insinuações. De verdade. Homens prestarão atenção à sua sexualidade, não ao seu cérebro ou ao que você tem a dizer. E isso não é o que você quer.

Isso não é para determinar como você deve ou não se apresentar – se eu vejo um homem no escritório de bermuda de ciclismo, pode acreditar que eu vou dizer a ele como se vestir também. Ele deveria estar vestindo o uniforme do cargo que ele quer. E você também deveria.

Esse não é um livro sobre ser feliz na vida ou sobre liberdades pessoais – esse é um livro sobre ser bem-sucedido nos NEGÓCIOS. É bem específico. Você deve poder se vestir da forma que quiser, quando quiser, pelo motivo que quiser, na vida. No escritório, vista-se para o cargo que você quer e vista-se para mandar a mensagem: você não está aqui para ser um objeto sexual ou para se expressar. Você está aqui por um emprego e está aqui para derrotar seus competidores. Vista-se para isso.

Estou sendo direto. Porque outros livros não são.

Chegue para aquela reunião vestida como seu chefe.

Sim, isso mesmo, *vista-se como seu chefe.*

Mulheres como Hillary Clinton entenderam isso há muito tempo. Ela tem usado figurinos empresariais por muito tempo. E ela pode ter a chance de se tornar presidente dos Estados Unidos caso decida concorrer. Não estou dizendo que votaria ou não nela. Estou apenas dizendo que ela entende que deve jogar pelas REGRAS DOS HOMENS até que possa torná-las SUAS REGRAS. Vença-nos em nosso próprio jogo. Tome nossa cultura da misoginia e vire-a contra nós. Você pode reescrever os tradicionais estereótipos sexistas depois de ter conquistado o sistema. Não antes.

Quase não existem mulheres no Vale do Silício, na matemática, nas ciências, na arquitetura e na construção.

Isso não é uma má notícia.

Isso é uma boa notícia.

Isso significa que ao entrar nessas áreas, como mulher, seu único caminho será para cima.

Sim, você encontrará sexismo, preconceito e atitudes chauvinistas. Muitos homens não a levarão a sério. Eles estão nessa área de trabalho desde sempre. Mulheres não, seja porque a sociedade não lhes permitiu ou porque não se sentiram atraídas por essas áreas. Em qualquer um dos casos, o resultado é o mesmo: mulheres são bem incomuns nessas áreas.

Como mulher, você precisa ter em mente oportunidades de carreira que normalmente não consideraria.

Vale também notar que nunca é muito tarde para começar sua jornada para se tornar uma empreendedora bem-sucedida. Mesmo depois de seus filhos terem crescido e seguido seus próprios caminhos. Se suas crianças deixaram o ninho, você terá muito tempo para se dedicar a VOCÊ. E é exatamente o que você precisa. Tempo. Muito tempo.

Para mulheres afrodescendentes e hispânicas de baixa renda, acredite ou não, as notícias na verdade são boas. Apesar de estarem em áreas de baixa renda, de não terem acesso a financiamentos (em geral, bancos não correrão o risco de fazer empréstimos para as camadas econômicas mais baixas), de não estarem vinculadas aos círculos sociais do mundo dos negócios dominados por homens brancos, mulheres afrodescendentes e hispânicas têm três ou quatro vezes maior tendência de começar um negócio para si mesmas do que suas contrapartes brancas.

O que foi dito acima merece o máximo louvor, porque as pressões de ser uma mulher afrodescendente ou hispânica se agravam pelo fato de que 70% a 80% dos lares negros e hispânicos não têm um pai em casa. Não vamos romantizar nada disso. É simplesmente um fato. Mulheres afrodescendentes e hispânicas precisam trabalhar mais duro que as mulheres brancas – para vencer os fatos e os estereótipos que reforçam os fatos.

Além disso, a taxa de casamentos de mulheres afrodescendentes é em torno de 40% – muito abaixo das suas contrapartes brancas. E, mesmo quando se casam, as taxas de divórcio são bem altas.

E eu não estou nem entrando nos *custos* de se ter família e filhos. Com uma família, você gastará por três ou quatro pessoas, não apenas por você.

Tudo isso coloca um peso enorme nas minorias femininas que querem ser mulheres empreendedoras. Supõe-se que família e filhos devam vir primeiro, mas – e é difícil dizer isso –, muitas vezes, não pode ser assim!

Eu direi de novo: eu levanto minha taça e brindo aos extraordinários obstáculos que mulheres afrodescendentes e hispânicas estão superando para perseguir suas metas. Com ou sem homens.

Você, mulher empreendedora, precisa se misturar e ser socialmente ativa nos grupos masculinos, convenções empresariais e com frequência (infelizmente) nos grupos de negócios predominantemente brancos. É lá que o dinheiro e o poder estão.

Vá até Wall Street e ande pelos corredores do poder. Você verá o opressivo rosto branco.

Faça contatos.

Aproxime-se.

Coloque SEU ROSTO lá.

Em todo e qualquer lugar existe uma chance para se misturar com outros empresários. De dia. De noite. Nos fins de semana.

Ainda há mais algumas boas e más notícias.

Primeiro, dizem que mulheres consomem mais que homens. Quero dizer muito mais.

E isso significa que empresas, campanhas publicitárias, rádio, TV, mídia impressa e outras empresas virtuais estão sempre tentando descobrir como vender mais para as mulheres.

Isso é uma boa notícia para as mulheres, se elas puderem tirar vantagem desse poder.

Agora, as más notícias.

As cadeias produtivas, o mundo industrial e o mundo da tecnologia são controlados, na maioria dos casos, por homens, com algumas poucas exceções. Mesmo nos papéis tradicionalmente estereotipados – mulheres cozinham, mas grandes chefes de cozinha são homens. Mulheres se importam com a moda, mas as maiores marcas de roupas são controladas por homens. Homens também gerenciam os grandes salões de beleza – para mulheres!

Para uma mulher empreendedora em potencial, isso é uma grande oportunidade. As más notícias são boas notícias para você. O único caminho possível é para cima.

Você deveria estar ciente de que a maior parte do que é vendido na internet é comprado por mulheres. E isso é bom para você, mulher empreendedora, porque você sabe o que uma mulher quer. Você *é* mulher. Nos círculos sociais, usando seus instintos, você pode entrar em mercados que os homens lutam para entender e, ainda assim, de alguma forma, comandam. Existe uma revolução feminista esperando para acontecer aqui.

Empresas e agências de publicidade gastam muito tempo e dinheiro em revistas online e sites que atraem mulheres. E, como empresas e agências são encabeçadas por homens, precisam descobrir o que as mulheres querem e como vender para elas. E isso é uma oportunidade para você.

Então, se o que foi dito é verdade, por que mulheres não estão criando, desenvolvendo e dominando essas áreas?

Você pode tentar isso de casa com pouco ou nenhum gasto.

Aprenda a programar.

Eduque-se. Você tem uma vantagem, se você puder delineá-la. Você é a compradora. Venda para você mesma.

Esse mercado dominado por mulheres deveria ser abundante de programadoras.

E, ainda assim, a vasta maioria dos programadores são homens.

Tente isso.

Seu nome é Victoria Fitzgerald. Você é divorciada, mas seu nome de solteira é muito europeu para a maioria das pessoas pronunciá-lo corretamente, então você decide manter o nome do seu ex-marido. Jogada esperta. Livrou-se do problema das pessoas lembrarem ou tentarem pronunciar seu nome de solteira: Wyrzykowski.

Aplicativos Victoria Fitzgerald. Pronto. Você acaba de criar uma nova empresa.

Empregados? Um. Você.

Despesas gerais? Nenhuma.

Use seu nome para batizar sua empresa. Ele é gratuito para você.

Registre um domínio ".com".

Crie uma logo.

Obtenha o registro da marca, se puder.

Faça alguns bonés e camisetas e envie-os por Sedex para sua tia Wyrzykowski em Vermont. Faça sua tia Wyrzykowski enviar-lhe cinco dólares pelas camisetas com o seu nome e logo, para que isso se qualifique nas leis de comércio interestadual e o ajude a assegurar seu pedido de registro da marca.

Você deveria consultar um advogado e garantir que todas as questões legais estão cobertas.

E pronto – você começou um negócio.

Você não tem nada a perder. Tem tudo a ganhar.

Agora, cabe a você criar, encontrar o público e vender para o mercado dominado por pessoas como você: mulheres.

Oh, você não sabe muito sobre programação?

Aprenda online. Descubra onde ensinam programação. Ou você pode se matricular em um curso de programação (tente o Dev Bootcamp ou Girls Who Code). E existem livros que lhe ensinarão como criar aplicativos e até como criar um aplicativo financeiro.

Shannon também entrou no time das mulheres empreendedoras no mercado de jogos. Ela me levou para a E3 Expo em Los Angeles. Lá os maiores nomes dos videogames fazem seu encontro anual para mostrar seus novos equipamentos. Ela pretendia que eu entrasse no negócio dos games. Mas ela acabou indo até o chefe da Gogii Games, fez um contato e criou um jogo eletrônico para ela: Shannon Tweed e o Ataque das Tietes. Você pode baixar e jogar. Mil maneiras de se livrar de um grupo de tietes. Meu Deus.

Meu ponto é, existem muitas maneiras de se fazer alguma coisa do nada. Indústrias caseiras ou de garagem começam com nada. Apple, Hewlett-Packard, Facebook e KISS, todos começaram em garagens. E se você fizer certo, colherá os benefícios. Isso significa dinheiro, muito dinheiro.

Você consegue.

Há uma porta para a oportunidade bem na sua frente.

Tem seu nome nela.

Agora vá lá e domine o mundo.

A ARTE DE FAZER MAIS: PRINCÍPIO # 10

VEJA, ENTENDA E GANHE PODER

Poderes surgem de muitas formas – o poder mais evidente está obviamente nas nossas interações do dia a dia com outras pessoas. A polícia tem poder sobre as ruas e estradas. Professores têm poder sobre suas classes. Motoristas de ônibus têm poder sobre seus passageiros. Mas poderes maiores podem ser mais complexos – um general com boas maneiras possui mais poder que um sargento que grita suas ordens, assim como um compositor tem mais poder financeiro que o artista que toca o trabalho dele.

Reconhecer o poder verdadeiro é uma habilidade específica e pode ser usada em sua vantagem – especialmente para formar alianças com outros Eu, S.A. que compartilhem as mesmas metas que você.

22.
Crianças empreendedoras

"Eu comecei o site quando tinha 19 anos. Não sabia muito sobre negócios naquela época."
MARK ZUCKERBERG, fundador, presidente e CEO do Facebook

Se você tem filhos, inicie-os no empreendedorismo. O velho clichê – a barraquinha de limonada – é um bom ponto de partida.

Seus filhos têm que descobrir quanto custa um limão. Quanto custa o açúcar. Têm que fazer o próprio investimento inicial, que é o trabalho. Têm que descobrir quanto cobrar pelo produto para que tenham lucro no final. Também, onde eles vendem a limonada para serem vistos pelo maior número de pessoas e em que período?

Transforme os passatempos dos seus filhos em um projeto empreendedor.

Foi o que eu fiz.

Eu comprei e vendi revistas em quadrinhos e fiz alguns milhares de dólares. Esse montante me ajudou a pagar minha faculdade.

Um passatempo, como colecionar selos, pode facilmente se tornar um negócio.

Steven Spielberg, a quem eu tive o prazer de visitar em sua casa para pedir uma recomendação de uma boa escola para meus filhos, começou a correr atrás de seu passatempo muito jovem. Ele cresceu no Arizona, bem longe da indústria do cinema.

No começo da sua adolescência, Spielberg começou a fazer seus próprios filmes em 8 milímetros. Ele aprendeu sozinho a operar uma câmera e a criar efeitos especiais e aprendeu tudo sobre iluminação, edição e direção. Ele filmava acidentes de trem em casa, usando seus trens de brinquedo. Ele também cobrava dos seus amigos 25 centavos para assistir a suas obras de arte caseiras. Então, além de ser um cineasta, ele se tornou distribuidor e exibidor.

Quando tinha 13 anos, Spielberg fez seu próprio filme de 40 minutos, *Escape to Nowhere*, sobre uma batalha da Segunda Guerra no leste da África. Aos 16, ele escreveu e dirigiu seu próprio épico de ficção científica de 140 minutos, *Firelight*, que depois serviu de inspiração para *Contatos imediatos de terceiro grau*. Spielberg filmou *Firelight* com um orçamento de 500 dólares e conseguiu exibi-lo de verdade em um cinema local. Até teve lucro com o filme: um dólar.

O resto é história, e Steven Spielberg é hoje um dos cineastas mais bem-sucedidos de todos os tempos, com *blockbusters* históricos como *Tubarão*, *E.T.*, *A cor púrpura* e *A Lista de Schindler*.

Ele foi criado como judeu ortodoxo no interior dos Estados Unidos. Enfrentou antissemitas e inclusive apanhava frequentemente por ser judeu.

Não havia uma escola de cinema onde Spielberg morava, então ele aprendeu sozinho.

Se o Steven Spielberg de 13 anos tivesse chegado em você e dito que iria se tornar o diretor mais celebrado da história, você pensaria que isso era tolice ou talvez impossível.

Mas foi exatamente o que ele fez.

E tudo começou quando ele era criança.

E tudo começou com um sonho. Um bem grande.

Mas nada disso teria acontecido se aquele garoto que apanhava por ser judeu tivesse ficado no interior dos Estados Unidos, ouvindo provocações e lamentando seu azar, e não fizesse acontecer.

Ninguém faria por ele. ELE teve que fazer acontecer.

Você também terá.

Você nunca é muito jovem para *fazer as coisas acontecerem para você*.

Não dê uma mesada para seus filhos. Não dê dinheiro para eles gastarem. Dê-lhes uma sensação de orgulho deixando-os criar e operar seus próprios negócios e, com sorte, obter lucro. Deixe-os se tornarem crianças empreendedoras.

Também podemos aprender uma coisa ou outra com nossas crianças – quanto mais velho ficamos, tendemos a ser menos aventureiros. Nós nos apoiamos em padrões e modelos que nos trouxeram sucesso no passado, mesmo que não estejam mais trazendo. Se você observar uma criança em ação, notará que elas estão constantemente mudando de uma atividade para a próxima, tentando coisas novas e quase sempre jogando a cautela ao vento.

Conforme assumimos negócios e responsabilidades financeiras, a cautela se torna uma virtude, mas também pode ser um peso enquanto tentamos manter nossos navios flutuando.

Vamos projetar um navio que não afunde, você diz.

Algo difícil de fazer.

"Capitão, eu achei um furinho do tamanho da ponta de um lápis no casco do navio."

"Não se preocupe, marinheiro, entrará apenas um copo de água do mar a cada 90 metros ou mais."

É claro que esse navio terá afundado até chegar ao porto. Não precisa de muito. Um furo pode afundar um navio inteiro.

Assim, para projetar um navio, e um modelo de negócios, que seja quase impossível de afundar é melhor ter vários pequenos barcos amarrados uns aos outros, todos indo na mesma direção e todos carregando o máximo de carga, mas sem depender deles ou "expor a riscos" os outros navios. Dessa maneira, se um navio afundar, o resto provavelmente não afundará.

Ou cada compartimento do seu navio pode ser selado. E se a água do mar começar a inundar, você pode fechar a porta de aço e a água não se espalhará pelo resto do navio. Existem alguns problemas inerentes a esse modelo, mas você pegou a ideia.

É melhor ser um polvo do que um peixe. Se um polvo perde um tentáculo para um predador, ele sobreviverá com os tentáculos restantes para se defender, e talvez com algumas lições aprendidas, que o capacitarão para evitar outros ataques do tipo. Se um peixe perde uma nadadeira – ou pior, sua cauda – será difícil se alimentar e sua sobrevivência será questionável.

Então, use o modelo de negócios do polvo.

Crie seções que não se cruzam nem se afetam no seu negócio – o que significa que o *custo* de gerenciar uma sessão do seu negócio e o *lucro* potencial desse negócio devem ser autocontidos, sem "cruzar" com outros negócios. Por exemplo, KISS é uma banda. Faz turnês, tem licenciamentos, mercadorias e faz dinheiro. Tem também um custo para se manter funcionando. Gene Simmons é uma entidade empresarial que não se cruza. Gene Simmons é sócio da rede de restaurantes ROCK AND BREWS. Os lucros e custos de manter o KISS não se cruzam com os lucros e custos do ROCK AND BREWS, mesmo que ambos, KISS e ROCK AND BREWS, dividam Gene Simmons. E se aquele negócio não for lucrativo, consumir muito tempo ou for muito trabalhoso, livre-se dele. Feche-o. É provável que não afete os outros negócios que você tem.

Mantenha a temática náutica: seja um polvo. Lance uma rede larga. Espalhe seus riscos.

A ARTE DE FAZER MAIS: PRINCÍPIO # 11

CONTINUE AVENTUREIRO

Quando você começar a ter sucesso, é importante continuar a assumir riscos inteligentes. Sentar-se e relaxar na sua zona de conforto o colocará em uma rota expressa rumo ao estado em que você começou – falido. Manter-se afiado é essencial.

23.
Fracasso: o que não mata fortalece

> "Eu errei mais de nove mil arremessos na minha carreira. Perdi quase trezentos jogos. Vinte e seis vezes me foi confiado fazer o ponto da vitória e eu errei. Eu tenho falhado de novo e de novo e de novo na minha vida. E esse é o motivo de eu ter vencido."
>
> MICHAEL JORDAN, estrela do basquete, empreendedor e sócio majoritário do time Charlotte Hornets da NBA

Tenho más notícias: você fracassará.

Mas toda vez que fracassar, aprenderá algo.

Não se sinta mal quando fracassar. Você não é diferente dos mais poderosos, dos mais inteligentes e dos mais empreendedores entre nós.

Quando você compra um carro, ele vem com cinco rodas. O estepe não está lá se o pneu furar – está lá para *quando* o pneu furar. Porque ele vai furar. Os fabricantes de carros esperam que você tenha um pneu furado uma hora ou outra. Mas enquanto tiver o seu estepe no porta-malas, você seguirá em frente.

Em outras palavras, você precisa de um plano reserva. Sempre.

Quando Paul Stanley e eu montamos a Wicked Lester, chegamos a conseguir um contrato com a Epic Records. Mas falhamos em escolher os membros certos para a banda e falhamos em escolher o estilo musical certo. Então, bem no comecinho, sabíamos que tínhamos falhado.

Assim, nos adaptamos.

Saímos da banda.

Formamos uma nova banda.

Mudamos de estilo musical.

Mudamos as pessoas e a persona da banda.

Olhamos o mercado em 1972 e notamos que as bandas inglesas de estilo *glitter* e *glam* estavam fazendo o maior barulho. Então decidimos montar nossa própria versão disso. Amávamos aquilo, de qualquer forma. Prestamos atenção ao mercado, mas também fizemos algo que realmente amamos. Há um equilíbrio nisso.

E depois daquele primeiro fracasso, fomos bem-sucedidos.

Isso foi há quarenta anos.

Se não tivéssemos falhado e percebido o erro a tempo, a Wicked Lester teria surgido e desaparecido, e pode ser que nunca mais tivéssemos outra chance de sucesso.

Oprah Winfrey foi demitida quando era uma jovem repórter e depois demitida novamente como coapresentadora de um telejornal. Oprah Winfrey fracassou.

Walt Disney, na sua juventude, foi demitido do jornal onde trabalhava. E sua primeira tentativa de abrir um estúdio de animação o levou à falência. Walt Disney falhou.

Henry Ford mudou a indústria automobilística ao inventar a linha de montagem moderna, mas sua primeira fábrica de carros foi à falência. E quando ele fundou outra empresa, ele faliu de novo e foi demitido da sua própria empresa. Henry Ford fracassou.

O hotel/cassino de Donald Trump faliu. E quando ele tentou de novo, sua empresa faliu de novo. Donald Trump faliu.

Bill Gates, um dos homens mais ricos do mundo, começou com um projeto de tecnologia que rapidamente foi abandonado. Bill Gates falhou.

Então, quando você falhar (e você falhará), você estará em boa companhia. Todos esses homens e mulheres seguiram em frente e tiveram grandes realizações. O sucesso deles fala por si próprio. Mas não pense nem por um segundo que os mais ricos e mais poderosos do mundo nunca falharam. Eles falharam mais vezes do que foram bem-sucedidos. Assim como você e eu.

Eu não só falhei mais vezes do que fui bem-sucedido – eu falho todos os dias.

Leia isso de novo: todos os dias.

Qualquer sucesso que você vê em mim é construído sobre o leito dos cadáveres de outros projetos que simplesmente não funcionaram, por uma razão ou outra.

Esses velhos adágios sobre cair do cavalo e voltar a montar – aquele velho clichê, "se na primeira vez não conseguir" e similares – considere-os de novo, como se tivesse ouvindo pela primeira vez. Há um motivo para que eles se tornem clichês – não há como sobreviver como um empresário ou empresária sem eles. Se o fracasso o desencoraja a se tornar produtivo, você nem deveria tentar se tornar um empreendedor.

Você *falhará*. E depois falhará de novo. E de novo e de novo e de novo.

A Simmons Records viu a luz do dia pela primeira vez quando me reuni com Bob Buziak, chefe da RCA Records, e Heinz Henn, chefe da RCA International, no final dos anos 1980. Todos nós pensávamos que eu poderia reproduzir o sucesso dos meus instintos. Isso se referia a minha descoberta do Van Halen em 1978, ignorando todo um elenco de loucos que não acreditaram neles. Eu assinei um contrato com o Van Halen e minha produtora, Man of 1.000 Faces, Inc., e os levei para Nova York para gravar uma demo de 15 músicas em uma fita de 24 canais. Eu produzi essa demo no Electric Lady Studios de Jimi Hendrix e usei o engenheiro de som Dave Wittman, que tinha trabalhado nos discos do Humble Pie e do KISS. A demo continha a maioria das músicas do primeiro disco do Van Halen e algumas que apareceram em álbuns posteriores.

Nosso agente na época, Bill Aucoin, não acreditou no Van Halen, e nem ninguém da minha banda. Eu quis pôr o Van Halen sob nossa proteção, e quis que eles fizessem a abertura de todos os nossos shows. O que os teria lançado instantaneamente e dado ao KISS uma fonte de renda extra vinda de outra banda. Pelo menos essa era a ideia. Mas ideias são frágeis. A menos que você tenha por perto pessoas com cabeças parecidas, que acreditam em você, ideias tendem a morrer. E assim o foi.

Eu liberei o Van Halen. Rasguei o contrato que os ligava a mim. Senti que tinha que fazer isso por razões éticas. Em menos de seis meses, Van Halen assinaria um contrato com a Warner Bros. Records e o resto é história.

Minha experiência com o Van Halen teve uma grande influência no lançamento da Simmons Records. Nunca mais uma banda escaparia por entre meus dedos porque outros não acreditaram nela. Ao menos essa era a ideia quando Buziak, Henn e eu concordamos em começar o selo.

No começo, houve uma movimentação. A primeira aparição do selo foi com uma nova banda liderada por Gregg Giuffria, que anteriormente era tecladista em uma outra banda que descobri: Angel. Quando eu vi a Angel pela primeira vez em uma boate em Washington, D.C., imediatamente liguei para o presidente da Casa Blanca Records, Neil Bogart, e, em pouco tempo, a Angel assinou um contrato com a gravadora.

Depois da Angel, Gregg decidiu sair e começou uma banda chamada Giuffria. Eles estavam na MCA Records. O contrato deles tinha acabado e Gregg queria levar seu grupo para outro selo. Eu estava interessado, mas pensei que o nome da banda não soava bem. Isso falando delicadamente. Insisti que teria que mudar, ao contrário não contrataria a banda. Eu criei e registrei o nome "House of Lords" e dei para a banda usar. Sem taxa. Sem tirar qualquer porcentagem. House of Lords assinou com Simmons/RCA Records e dois discos foram lançados. Um sucesso mediano. Não o que eu queria. Eu queria algo GRANDE.

Então assinei com uma banda do sul da Califórnia chamada Silent Rage. Eu liguei para o agente do Black

Sabbath na época e coloquei o Rage na abertura da turnê deles.

E, finalmente, Buziak me pediu para assinar com uma banda do Canadá em que ele acreditava chamada Gypsy Rose.

No final, Simmons Records e RCA se separaram.

Nos anos 1990, o KISS tinha se juntado novamente com Peter Criss e Ace Frehley, e saímos em uma turnê pelo mundo que se tornaria a turnê número um do momento. KISS estava sem uma gravadora na época. Ao mesmo tempo, eu tinha composto músicas com Bob Dylan e Frank Zappa e queria lançar aquelas músicas. Elas não funcionavam para um álbum do KISS, mas um álbum solo resolveria o dilema. Eu comecei a falar com a Sanctuary Music sobre um álbum solo de Gene Simmons e o relançamento da Simmons Records e fiz um acordo em duas frentes. Uma seria relançar a Simmons Records começando com o álbum solo por Simmons. E a outra era encontrar uma casa para os novos discos do KISS. Quando eles concordaram com os termos, entreguei os direitos de gravação do KISS para nosso novo agente, Doc McGhee. Um pouco depois, isso resultaria no nosso sucesso de vendas mundial em disco e vídeo, o *Kiss Symphony*.

E o primeiro lançamento da parceria Simmons/Sanctuary foi meu álbum solo intitulado *Asshole* e, na época, eu pensei que isso seria o tipo de título que afrontaria e chamaria a atenção das pessoas. Não chamou.

Eu também lancei um disco de um artista canadense multitalentoso chamado Bag. O álbum não foi bem.

Mas eu ouço esse disco até hoje.

Mais tarde, Simmons Records e Sanctuary se separaram também.

Depois conheci Randy Lennox da Universal Records Canada. Tivemos uma reunião para discutir ideias e concordamos em relançar a Simmons Records com uma nova proposta: encontrar as próximas grandes bandas canadenses. O primeiro contrato foi com uma ótima banda pequena de Toronto chamada Envy. Eu os adorei. Encabeçados pelo cantor Shaun Frank e o guitarrista Void, a banda fez a abertura de todos os shows da turnê do KISS pela América do Norte. Eles fizeram a abertura de 40 shows.

Mas a indústria da música havia mudado drasticamente. Tinha se tornado muito difícil lançar uma nova banda. Baixar e compartilhar gratuitamente as músicas se tornou uma rotina. As gravadoras estavam indo à falência, uma após a outra. E, apesar da qualidade das músicas do álbum de lançamento do Envy e da sua proeza nos palcos, a banda não se tornou um sucesso.

Depois eu conheci Brittany Paige. Ela compunha canções heavy metal e liderava uma banda chamada Kobra & the Lotus. Amei o que eu vi e ouvi. Mas não faria cerimônias para insistir que ela se livrasse do nome Brittany. O nome sempre traria a imagem de uma das cantoras mais vendidas da época – Britney Spears – e esse com certeza não era um nome ligado ao metal. Eu insisti que ela mudasse seu nome para Kobra Page. Esse movimento conectaria a cantora com o nome da banda. Agendei festivais de música na Europa e na América do Sul para a banda tocar junto com outras grandes bandas de metal. E estamos conseguindo seguir em frente. Kobra está agora gravando seu segundo disco. Podemos falhar. Quem sabe.

Apesar dos meus contatos estipularem que eu poderia ter assinado com mais seis outras bandas, decidi me concentrar em um número menor. *Existem* novas bandas que têm qualidade. Mas consome tanto dinheiro e trabalho lançar um único grupo que assumir muitos compromissos diminuiria minhas chances de sucesso.

Simmons/Universal Records continua existindo.

Eu era fã de uma história em quadrinhos chamada *Jon Sable*, de Mike Grell. A origem do personagem tinha a ver com um garoto que cresceu na selva africana. Seu pai, um grande magnata, e sua família foram mortos por caçadores e exploradores de diamantes. O garoto cresceu sem os pais e se mudou pra Nova York, onde vende seus serviços como um grande caçador na selva de pedras.

Eu fui capaz de adquirir os direitos da história e acertar para que se tornasse um filme pelo estúdio InterMedia. Consegui Steven de Souza (*Duro de matar*) para escrever o roteiro. Teríamos Pierce Brosnan no papel principal, até que tudo deu errado, como muitas vezes acontece. Por isso que dizem que a pré-produção é um inferno. Poucos projetos acabam chegando às telas.

Em uma virada estranha do destino, *Jon Sable* ressurgiu, dessa vez como um projeto de série de TV. O diretor/

roteirista Gary Sherman, que dirigiu *Procurado vivo ou morto*, iria dirigir a série de TV *Jon Sable*. E, talvez porque gostamos de trabalhar juntos naquele filme, Sherman me ofereceu o papel de Sable. Eu voei até Chicago e me encontrei com a outra estrela da série, a jovem modelo que estava apenas começando sua carreia como atriz: Rene Russo. Filmamos um piloto e... foi terrível. Eu simplesmente não me saí bem. Fui demitido e voltei para a turnê da banda.

Mesmo com todo o brilho e glamour, mesmo depois do KISS ascender para a fama e fortuna, falhei das formas mais amadoras. De novo e de novo.

A propósito, a série de TV *Jon Sable* chegou a ter a sua chance no canal ABC, mas durou apenas seis episódios.

Um dia, quando toda a poeira assentar e eu sair para tomar um ar, talvez revisite a história de Sable.

Fique ligado.

A revista *Gene Simmons Tongue* começou com uma ideia que eu sonhei quando era adolescente. Eu publicava fanzines dedicados a ficção científica, fantasia, filmes, quadrinhos e temas semelhantes: *Cosmos, Fauno, Tinderbox* e outros. Eu mesmo publicava, escrevia, editava e os distribuía. Uma boa experiência para o que veio mais tarde. A editora Sterling/Macfadden tinha lançado com frequência revistas relacionadas ao KISS e elas sempre iam bem. O editor-chefe Allen Tuller e eu nos tornamos amigos e começamos a falar sobre fazer uma revista juntos. *Gene Simmons Tongue* seria uma extensão natural dos meus interesses em cultura pop e celebração da vida.

Como mencionei antes, tivemos cinco edições. O mundo das revistas estava em um redemoinho naquela época e publicações em geral tinham que enfrentar a internet. Jornais e revistas estavam falindo por toda parte.

Mas me orgulho de dizer que durante nossa publicação, entrevistei Hugh Hefner, que gentilmente permitiu que lançássemos nossa revista com ele na capa, assim como Sir Richard Branson, Avi Arad da Marvel, Roseanne, Snoop Dogg e muitos outros.

Publicaremos de novo?

Fique ligado.

Com o final da *Gene Simmons Tongue* anunciado, comecei uma pesquisa e descobri que o mundo dos jogos eletrônicos é bem maior que o mundo do cinema. Tanto que Black Ops, Soldier of Fortune e Grand Theft Auto faturam mais que os maiores filmes. E cada um desses jogos é vendido novo por algo em torno de cinquenta dólares. Então eu pensei em começar uma nova revista, ou transformar *Gene Simmons Tongue* em uma nova revista. O resultado do planejamento foi a revista *Gene Simmons Game*. Eu também possuía essa marca registrada. Alguns planos de negócios foram traçados e alguns artigos escritos, mas, honestamente, fiquei muito ocupado com outras coisas e o mundo das revistas era, de novo, um lugar difícil para encontrar sucesso. Tive que deixar de lado para o futuro.

Quando eu tiver algum tempo, pretendo revisitar a *Gene Simmons Game*.

Enquanto isso, meu selo Simmons Comic Group tinha dado à luz três títulos que eu criei e registrei:

Gene Simmons House of Horrors™, que atualmente está sendo produzida pela Georgeville/Reliance para se tornar uma série de TV no formato antologia, sendo eu o apresentador. Eli Roth recebeu o convite para ser o produtor principal do programa.

Zipper™, da mesma forma, está sendo produzida e roteirizada para TV pela Georgeville/Reliance. *Zipper* é sobre um estranho em uma terra estranha, um programa a respeito de alienígenas com nuances shakespearianas.

Dominatrix™ – surpreendente que ninguém havia registrado essa marca, então o fiz – atraiu o interesse do cineasta Marc Forster, que dirigiu *Guerra mundial Z*. Atualmente estamos pré-produzindo o filme.

Tenho grandes expectativas para esses projetos. Quando esse livro estiver publicado, talvez eu tenha tido sucesso. Talvez tenha fracassado com um ou com todos eles.

Bem-vindo à vida.

Também estou trabalhando para lançar meu próprio festival de rock pelo país. Tudo leva tempo e isso também levará.

Titans of Rock™ (note que é uma marca registrada) quase foi lançada quando fui convidado para ser a atração principal na turnê Rock and Roll All Stars na América do Sul. Mas as pessoas por trás do projeto decidiram manter o All Stars no nome. Genérico, pensei. Mas válido.

Eu desenhei e registrei tanto o logo como o nome. Você verá isso acontecer. Em breve. Com sorte e trabalho.

A razão pela qual estou dizendo tudo isso é porque você precisa entender o quão incansável você tem que ser. Para ser um empreendedor e até para apenas viver – uma vez que a vida *é* um negócio. Você não apenas falhará, falhará miseravelmente. E falhará de novo. E de novo. E de novo. Se a longa lista de projetos acima pareceu exaustiva para você, é porque seus projetos serão exaustivos. Você irá se desanimar. Terá uma leva de fracassos tão consistente que parecerá que o mundo está trabalhando contra você.

É normal. Não pense muito sobre isso.

O próximo projeto e o próximo e o próximo devem ser abordados com a mesma ferocidade, o mesmo entusiasmo e a mesma fé irracional em você mesmo, da mesma forma que você fez na sua primeira tentativa. Nunca diminua o ritmo, nem por um segundo. Só precisa de um sucesso para fazer todos os fracassos terem valido a pena.

Como eu disse antes – fique ligado. Tudo isso pode falhar. Ou alguma dessas coisas pode ser um sucesso. Ou todas elas podem ser um sucesso. Não importa o que aconteça – continuarei me esforçando incansavelmente. E você deve fazer o mesmo.

A ARTE DE FAZER MAIS: PRINCÍPIO # 12

SAIBA QUANDO PARAR

Eu fracasso o tempo todo. Isso não quer dizer nada. Mas uma aptidão crucial e que pode ser aprendida é ter a habilidade de falhar e se levantar. Isso lhe trará mais sucesso e, para ser esperto e ter uma boa reputação como uma pessoa de negócios, você deve saber quando algo não está funcionando e quando é hora de parar.

Siga a dica dos melhores atletas do mundo. "O que não mata fortalece" é de fato uma boa frase. Se você está vivo, está no jogo. Toda vez que você fracassa, você aprende algo e na próxima vez não cometerá o mesmo erro novamente.

24.

Investindo

"Todo dia eu acordo e olho a lista da *Forbes* das pessoas mais ricas dos Estados Unidos. Se não estou lá, vou trabalhar."

ROBERT ORBEN, escritor de comédias, autor, mágico e escritor de discursos para o presidente Gerald R. Ford

Invista no mercado de ações.

Invista no seu futuro.

Invista em você.

Sempre garanti que economizaria algo entre 25 a 50% de cada dólar que ganhei. Ainda faço isso.

Lembre-se, todos temos que pagar impostos, então isso encolhe a quantidade que ganhamos até a metade do valor antes mesmo de decidir se vamos gastar ou economizar o dinheiro.

Sempre viva abaixo das suas posses.

Eu sou como você. Não tinha formação nessas áreas. E nunca me ensinaram nada disso nas escolas públicas.

Quando eu tinha 12 anos, minha mãe insistiu que eu abrisse minha primeira poupança no banco local. Foi uma boa ideia. Dinheiro que não ficasse no meu bolso seria um dinheiro que eu não gastaria, especialmente em coisas que eu realmente não precisava. Com o passar do tempo, eu percebi que na verdade *ganhava* um pouco de dinheiro com o que estava na conta. Isso chama-se "juros".

Enquanto eu acumulava dinheiro, também poupava dinheiro. Comecei a aprender sobre coisas como inflação. E como os preços de tudo parecem sempre subir. Inflação significa a perda de valor real do dinheiro. Exemplificando de forma simples: dez centavos não pagam mais o ingresso no cinema. Nem mesmo um dólar paga. Agora é muito comum pagar dez dólares ou mais por um ingresso de cinema.

Quando você combina os fatos de que o dólar perde valor e que tudo fica mais caro a cada ano, fica claro que as poupanças poderão fazer pouco por você. Elas simplesmente não geram juros o suficiente para compensar o custo das coisas e a taxa de inflação.

Eu tive que aprender sobre o mercado de ações.

Quando eu comecei a ler sobre isso nos jornais e em livros, parecia tão difícil quanto aprender mandarim.

Foi difícil aprender, mas eu tive que fazê-lo.

Se você acumula uma quantidade decente de dinheiro que não precisa usar para pagar suas contas, você pode considerar investir no mercado de ações. Milhões fazem isso.

Muito cedo eu aprendi sobre espalhar os riscos, fundos mútuos e a bolsa de valores, também conhecida como "a bolsa". Ações no valor de centavos. Mercado futuro. *Commodities*.

Você não precisa aprender tudo isso, mas ajuda se aprender.

Então vamos simplificar.

Você foi capaz de economizar 40 mil dólares, já descontados os impostos. Um brinde a você. Isso significa que você já pagou seus impostos. Já pagou suas contas.

E lembre-se, sou um amador, da mesma forma que você. Não sou um contador treinado, um economista ou um conselheiro financeiro. Essas são apenas minhas opiniões. Tenho que dizer isso para minimizar meus riscos legais. (Eu não quero ser processado. Quem quer?)

Você precisará manter algum dinheiro em mãos, para o caso de uma emergência (isso é conhecido como ter "liquidez"). Depois de pagar seus impostos e contas, mantenha 10% "no caixa". Mas não mantenha muito mais dinheiro por perto. Você irá gastá-lo.

Você pode decidir investir o resto do seu dinheiro. Se sim, consiga alguns conselhos de profissionais. Alguns investimentos podem castigá-lo se você retirar o seu dinheiro muito cedo. Você pode ter que esperar um certo período até que seus investimentos "amadureçam" para que então possa sacar seu dinheiro. O que é bom, porque sabemos que quanto mais você fica no mercado, melhores serão suas chances de fazer dinheiro com seu investimento.

Pegue o dinheiro que restou e invista no mercado de ações. Encontre um conselheiro financeiro e pergunte sobre fundos mútuos.

Fundos mútuos espalham seus dólares por alguns investimentos diferentes. Quando se joga na roleta, dizem para não apostar todas suas fichas em um único número.

Isso também é conhecido como não colocar todos seus ovos em um cesto. A ideia básica é que se algo der errado com um investimento – e com certeza pode dar – ainda existirão outros investimentos que com sorte compensarão as perdas e manterão uma margem de lucro.

Espalhe os riscos significa exatamente isso. Alguns de seus investimentos subirão. Alguns cairão. Espera-se que na média você tenha um aumento – um lucro – acima da taxa da inflação (isto é, maior que a velocidade com que o dólar perde seu valor).

Eu me dei bem no mercado de ações. Na verdade, ele me rendeu um bom tanto de dinheiro.

Em 2009, fui convidado pela Bolsa de Valores de Nova York para tocar o sino que dá início às transações do dia. Foi um momento de que me orgulho. Nunca imaginei que iria parar lá em cima, muito menos que estaria lá a convite. Por acaso, o ex-presidente da Bolsa de Nova York foi um colega meu no colegial. E, quando fui à Bolsa, a imprensa estava lá. Fotógrafos estavam lá. E nosso programa de TV, *Gene Simmons: Joias de Família*, filmou o evento.

Do pódio acima do andar do pregão da maior Bolsa de Valores do mundo, fui lembrado de que vim para os Estados Unidos como um imigrante legal com minha mãe e, passo a passo, dia após dia, trabalhei para chegar onde estava. Lágrimas quase rolaram dos meus olhos e eu me sentia grato aos Estados Unidos e a sua população por me permitirem fazer tudo isso. Estava lisonjeado.

Eu sei – o grande capitalista malvado de fato tem uma conexão emocional com o jogo do dinheiro. Estranho, não é? Como caras como eu sempre são retratados como vilões? Porque minha preocupação com o dinheiro vem de um lugar real – vem de comprar para minha mãe uma casa, tornar a vida dela confortável. Vem de criar um muro tão grande quanto possível entre mim, meus filhos e a fome. Isso não soa como o CEO maligno de que você geralmente ouve falar, soa?

Por volta de 2008, o mercado não estava saudável. Era o começo de um período de grandes perdas no mercado imobiliário, com pessoas e bancos sofrendo as consequências. O índice da Bolsa (o valor do mercado de ações) ficou abaixo dos 8 mil pontos na época. Esse número era ruim. Indicava um período muito ruim para a comunidade de investidores e mostrava a falta geral de saúde da economia dos Estados Unidos.

Conforme eu estava saindo, desci para o andar do pregão da Bolsa de Valores de Nova York e lá estavam fotógrafos e câmeras de TV cobrindo tudo. Um dos jornais, *Fox Business*, me perguntou qual era minha visão sobre nossa economia em geral e sobre o índice de a Bolsa estar em uma faixa pouco saudável de 7.800 pontos.

Minha resposta, em poucas palavras, foi esta: eu não sei você, mas estou investindo nos Estados Unidos. Estou pegando todo o dinheiro que gastaria de forma estúpida durante o ano e, em vez de jogá-lo fora, estou investindo no mercado de ações. Em biotecnologia, em comida, no McDonald's, na Coca-Cola. Pegue todo o seu dinheiro estúpido e não desperdice em coisas desnecessárias. Pegue-o e invista em você – invista nos Estados Unidos.

Se você seguisse meu ponto de vista e tivesse um pouco de instinto e sorte, teria *dobrado* seu investimento em apenas alguns anos escolhendo direito algumas poucas ações. Hoje o índice está em 17.000.

Então, quanto dinheiro você deveria investir no mercado de ações? Faça sua própria análise. Procure alguns conselhos.

Considere todas as vezes que você foi a um bar ou a um restaurante e pagou a conta para um amigo. Pense em todas as férias e viagens que fez. Sugeriria que se você pegasse todo o dinheiro que gasta em roupas/sapatos/eletrônicos/carros/casa (que é um valor líquido descontando os impostos, lembre-se disso) e *investisse* em vez de gastar, seria muito melhor.

Lembre-se, uma vez que você tiver gasto o dinheiro, nunca mais o verá novamente.

Mas, se você investir o dinheiro, provavelmente terá lucro e pagará impostos apenas sobre o capital ganho, quer dizer, o lucro que teve em cima do dinheiro que de outra forma você teria gasto. Percebe?

Você também terá que investir no seu plano de aposentadoria, mas seu empregador pode ajudá-lo com isso.

Também precisará ter seguro. Plano de saúde. Todos os tipos de seguro.

Isso é o que você precisa.

Os sapatos/bugigangas eletrônicas/carros são coisas que você não precisa. Não quando está começando.

Invista nos Estados Unidos.
Invista naquilo que você conhece.
Invista em você.

A ARTE DE FAZER MAIS: PRINCÍPIO # 13

SAIBA QUANDO DOBRAR A APOSTA

A chave para a ascensão até o topo do topo do sucesso é saber quando aumentar seus esforços em direção a uma empresa já bem-sucedida. Isso é o que separa os garotos dos homens, os verdadeiramente ricos dos bem-sucedidos, e os guiam em direção a conquistas além das suas esperanças e sonhos iniciais.

25.

Em resumo

"Você erra 100% dos arremessos que não faz."
WAYNE GRETZKY, "the Great One", considerado por muitos
o melhor jogador de hockey de todos os tempos

Espero que esse livro tenha sido um bom chute nos seus fundilhos.

Escrevi esse livro porque as escolas públicas nunca me ensinaram o que eu precisei saber para ser bem-sucedido na vida real. A escola me deu algumas bases. Sei ler. Sei escrever. Sei fatos históricos. Mas lembrar de datas marcantes da antiguidade nunca me ajudou a pagar minhas contas ou realizar meus sonhos como empreendedor.

Tive que me ensinar o que precisei saber. Será da mesma forma com você.

Tive que me reinventar. Você também terá.

Tive que descobrir o que funcionava. Você também terá.

Espero que este livro tenha sido sua primeira cartilha sobre como se tornar um empreendedor.

Quero que você se torne um. Um bem-sucedido. Esse é o motivo de você ter comprado esse livro em primeiro lugar.

No momento em que você chegar a esse ponto do livro, você terá notado que a maior parte dele é focada em

VOCÊ. E eu lhe terei dito muitas coisas que podem tê-lo chateado. E peço desculpas a qualquer um que magoei.

Mas isso se chama *negócios*, não amizade.

Amigos lhe dirão o que você quer ouvir. E são gentis.

O mundo dos negócios não se importa com o que você quer ouvir e não se importa se você achou gentil ou não.

Na verdade, o mundo dos negócios pode demiti-lo.

E com frequência faz isso.

Você sabe o que não deveria fazer na vida, mas continua fazendo.

Eu sei que não deveria comer carboidratos, mas às vezes como. E quando eu engordo, preciso de um treinador para me levar até a academia para emagrecer.

Você sabe que não deveria fumar, usar drogas, beber, casar muito cedo ou fazer qualquer outra estupidez que você faz. Mas a maioria de vocês continua fazendo mesmo assim.

Mas se a única coisa que esse livro fizer for mudar seus valores, for forçá-lo a rever suas escolhas de vida e lembrá-lo de que só depende de VOCÊ tornar-se bem-sucedido, então fiz meu trabalho.

No mundo real, uma vez que você cresce e a mamãe e o papai não estão mais lá para tirá-lo das encrencas, não há ninguém para ajudá-lo. E não existirá ninguém para forçar VOCÊ a levar sua vida de forma inteligente. E a ter uma vida financeira. E a ter um plano de negócios a longo prazo.

VOCÊ terá que fazer isso sozinho.

Mas aqui vai a boa notícia: VOCÊ receberá todas as recompensas.

E preste atenção, independentemente da sua idade: nunca é muito tarde para começar.

Nunca é muito tarde para começar AGORA.

Apesar de eu ter acabado de escrever um livro sobre isso, não existem regras definidas para os segredos do sucesso.

Se existissem, todos seríamos bem-sucedidos e todos seguiríamos esses atalhos óbvios. O que esse livro oferece são orientações gerais, mostra o que funcionou para mim e tem funcionado para outros.

Mas não existem atalhos. Esqueça as "10 Regras para o Sucesso".

Você *terá* que se educar em áreas que as escolas públicas não o educam.

Você *terá* que ser seu próprio capataz.

Esse livro é o primeiro passo.

Mantenha-o na sua cabeceira, no seu banheiro ou onde faz suas leituras.

Por favor, volte para ele e continue se lembrando do que você precisa fazer.

Isso certamente não é tudo. Existe mais. E sempre existirá mais.

E aqui vai um pensamento feliz: você não precisa ser tão qualificado para ser um empreendedor. Pode aprender o que precisar aprender fazendo. Entretanto, como na maioria das coisas na vida, *você* terá que fazer algo. Ninguém mais fará por você.

Sem valores fortes, autodeterminação, autodisciplina (sem drogas, álcool, tabaco e ficando longe das pessoas que usam isso) e apenas sendo "esperto", você não chegará a lugar algum. Rápido.

Desejo-lhe saúde. Desejo-lhe felicidade. E lhe desejo sucesso em sua jornada para realizar suas metas empreendedoras.

Esse não é o fim.

Esse é o começo do resto da sua vida.

Agora, vá pegá-los.

Agradecimentos

Ao fã-clube oficial KISS Army, que tornou tudo possível. Espero que encontrem nesse livro ferramentas para melhorar suas vidas.

A Paul Stanley, que permaneceu comigo para o que desse e viesse.

Obrigado: Jud Laghi, Nick Simmons pela ajuda editorial e a você que lê esse livro, por tornarem minha vida possível.

Este livro foi impresso na
LIS GRÁFICA E EDITORA LTDA.
Rua Felício Antônio Alves, 370 – Bonsucesso
CEP 07175-450 – Guarulhos – SP
Fone: (11) 3382-0777 – Fax: (11) 3382-0778
lisgrafica@lisgrafica.com.br – www.lisgrafica.com.br
para a Editora Rocco Ltda.

GENE
SIMMONS